发现之旅栏目组 编著

历史谜案

上海科学技术文献出版社

图书在版编目（CIP）数据

历史谜案/发现之旅栏目组编著．—上海：上海科学技术文献出版社，2020
（考古发现之旅）
ISBN 978-7-5439-8011-2

Ⅰ.①历… Ⅱ.①发… Ⅲ.①中国历史—通俗读物 Ⅳ.①K209

中国版本图书馆CIP数据核字（2019）第288848号

策划编辑：张　树
责任编辑：杨怡君　曹　惠
封面设计：合育文化

历 史 谜 案
LISHI MI'AN
发现之旅栏目组　编著
出版发行　上海科学技术文献出版社
地　　址　上海市长乐路746号
邮政编码　200040
经　　销　全国新华书店
印　　刷　常熟市文化印刷有限公司
开　　本　720×1000　1/16
印　　张　11.5
字　　数　163 000
版　　次　2020年1月第1版　2020年1月第1次印刷
书　　号　ISBN 978-7-5439-8011-2
定　　价　48.00元
http://www.sstlp.com

目 录

史前血案 / 1

断代"武王伐纣" / 10

杨贵妃生死之谜 / 18

建文皇帝生死之谜 / 40

李自成谜案 / 57

传奇努尔哈赤 / 78

慈禧身世之谜 / 126

24 岁的顺治皇帝神秘死亡 / 136

光绪之死 / 154

神秘的石磨盘 / 167

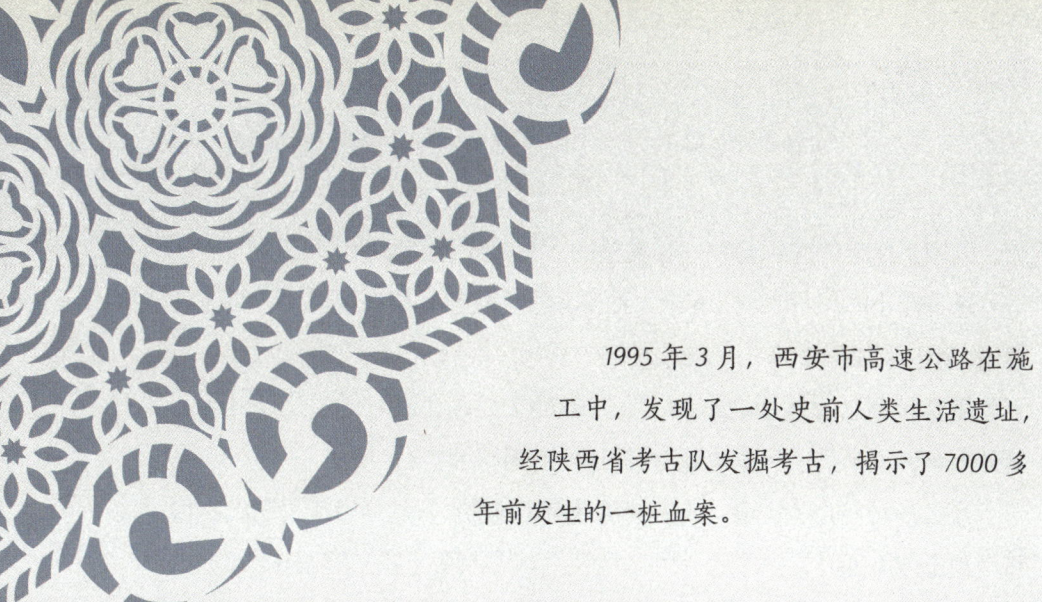

1995年3月,西安市高速公路在施工中,发现了一处史前人类生活遗址,经陕西省考古队发掘考古,揭示了7000多年前发生的一桩血案。

史前血案

考古队在考古发掘时,编号为M21的墓穴中突然出现了一处白点,引起了考古人员的关注。

考古人员小心翼翼地将周围的泥土拨开,随着面积不断扩大,逐渐呈现出一弯弧线,渐渐地,下方露出了一具骷髅。

发掘工作在紧张地进行着,阎毓民则用相机记录下遗骸的位置。

▲ 一具不完整的尸骨

就在这时,遗骸周围出现了一些很特殊的东西,使这次发掘工作变得非同寻常。

阎毓民(陕西省考古研究院 研究员): "墓穴里有很多箭头、骨锥和骨叉一类东西,一下引起了我们的注意。"

清理工作继续进行着,一具完整的人骨遗骸逐渐显现出来。

这具瘦小的尸骨长约1.6米,面部朝上,直直地躺在墓坑中。周围还散落着10余件骨器。

用兽骨磨制的骨器是史前古人狩猎的工具,在当时的生产条件下,加工十分困难,每个猎手一般也只有二三件,在狩猎时反复使用。

这么多骨器作为陪葬,是否表明死者生前是一名狩猎能手呢?然而,当清理到遗骸胸部时,一个意外的发现让阎毓民改变了原来的想法。

这些骨器中,短的有四五厘米,长的可达十几厘米,有的散布在胸腔内,有的刺入了脊柱,肋骨上也有被刺穿的痕迹,甚至有的骨器还深深地嵌入了骨骼中,无法取出。连经常进行墓葬发掘的考古人员也对此迷惑不解。

虽然他们发掘过很多古人类遗址,但从没见过这种情况。随着暮色的降临,考古队在清理完墓葬后,将这具人骨遗骸带回了研究所。

一具瘦小尸骨上,竟布满十余件锋利的骨器,此人是死于战场上骁勇的斗士,还是被酷刑处死的战俘呢?

阎毓民发现考古资料中有记载,云南元谋大墩子遗址中,也曾经发现过几具被石镞射杀的人骨。但这么多的凶器,存留在同一具人骨中的现象,可谓前所未有。

▲ 从尸骨上取下的箭镞

几天后,依据当时现场记录的位置,阎毓民将这具人骨遗骸,恢复成被发掘时的样子。

整个遗骸长1.56米,面部朝上,四肢平直,除了左手的手骨缺失外,尸骨保存完整。

但锋利的骨器所造成的伤害,遍布全身,而且每一处都足以致人于死地。

阎毓民:"尸骨上共有35处损伤,其中29处是这些器物造成的。"

显然这些骨器,是行凶者在实施杀戮过程中留在死者体内的。

阎毓民长期从事古人类研究,此次他负责这具遗骸的鉴定工作。他认为要揭开种种谜团,必须确定死者的性别、年龄和所生活的年代。

阎毓民:"这是个女性,骨骼比较细腻。一般女性的眉骨比较平,男性的有一个弧度。还有盆骨有一个夹角,我们的经验是用手量,男性的夹角是个锐角,女性的则是钝角。"

骨盆除了支撑体重外,女性的骨盆还承担着生育功能,因此比较宽,耻骨的夹角大于90度。

凭这些明显的特征,阎毓民确定了死者的性别。但是如此残忍的杀戮怎么会发生在女性身上呢?她究竟多大,生活在什么年代?

通过对头骨和牙齿的分析,阎毓民初步推断出死者的年龄不会太大。

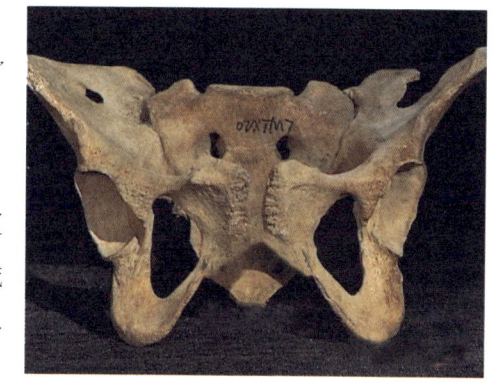
▲ 墓中是一具女性尸骨

阎毓民:"根据牙齿磨损程度,可判断死者大概为22岁。"

但阎毓民发现她的骨骼好像处在发育阶段,有的地方骨骺还没愈合,像是个未成年人。

阎毓民:"她的骨骺还没有愈合,说明她不到愈合年龄,一般女性十七八岁就可以愈合了。这说明她的年龄还要小一些。"

骨盆上耻骨和耻骨相接的地方,称为耻骨黏合面,像树木的年轮一样,随着年龄的增长,每长一岁都会发生相应的变化,因此耻骨黏合面的发育程度,也是死者年龄的重要标志之一。

这种识别死者年龄的方法,公安部门经常在刑事案件中使用,并把它作为案件侦破的重要线索。

骨骺:实际上就是骨头在发育时它末端的软骨。在成长过程中,软骨会慢慢地长成骨头,特别在年轻时很重要,如果这时出现损伤,骨头长得形状就会异常,有时还会形成慢性关节炎,关节会肿胀、痛、僵硬,连正常的生活都有困难。骨骺损伤,称为骨骺炎。

▲ 发掘现场的地层剖面

可就是在这两个能够反映死者年龄的依据中,却出现了微小差异,这让阎毓民感到十分困惑。

史前古人经常受到洪水、猛兽的袭击,生活条件也十分艰苦,因此平均寿命只有30岁左右,几岁的差异,在阎毓民看来就像是相差一个年龄段。

为了能够找到确认死者年龄的依据,他再次来到了发掘现场勘查。

阎毓民:"现在保存的零口村遗址的一个断面,根据兽骨还有一些黑色木炭,可以断定它的年代。以及烧制陶器时,需要一定温度,所以从陶器碎片的热释光,可以测定它的年代。据此断定这个遗址大约在6000—7300年。"

在黄河中游地区,发现过很多古人类生活过的遗址,但在距今约5000年以前的地层中则很少发现古人类活动的遗迹。而零口村的这个遗址所处的年代,恰恰处于这一考古空白的时期,这个发现让阎毓民兴奋不已。

样品在实验室的碳-14鉴定结果,也证实了这一点,并确定死者的准确生活年代在距今7300年左右。

7000多年前,古人类过着氏族部族群居的生活,靠狩猎和简单的种植生存,经常吃不饱肚子,食物很粗糙,因此牙齿的磨损十分严重。这样一来,之前两个相互矛盾的结论也就迎刃而解了:牙齿磨损程度,只是体现当时的生活状况,而骨骼的愈合程度才能准确反映出她的年龄。

阎毓民:"7300多年前的人体结构及特征和现代人有一定差距,她身体部分结构表现的年龄比较大,有的地方表现的年龄比较小。综合考虑,判定她年龄大概是15～16岁。"

16岁的少女惨遭不幸，致命伤痕遍及全身。她为什么会受到如此残忍的杀戮呢？

阎毓民联想到7000多年前女性在部落中的地位，越发感到此事不可思议。那时，男性负责狩猎，但收获很有限，主要靠女性种植来维持生活，因此，女性的地位高于男性。

阎毓民："按照人类发展史分析，她所处的历史时期应是母系社会，女性在那时期有绝对的权威。"

让阎毓民感到疑惑的是，少女遗骸上竟留有凶器多达18件，其中留在骨骼上的骨叉和骨镞，是古人狩猎、捕鱼的工具。

更令人疑惑的是，残留尸骨上的凶器竟然还有远古女性固定头发用的骨笄。

阎毓民："骨笄，相当于现在的发卡，也当作装饰品。但是把它扎在人身上，这就比较难以理解。"

更让阎毓民震惊的是，少女的骨盆中还有包括骨笄在内的四件凶器。

阎毓民："这是从阴道扎进去的。"

通过对18件凶器的分析，阎毓民认为参与这场残忍杀戮的不仅有男性，还有女性。他们似乎与这个女孩有着深仇大恨。

不仅如此，尸骨的四肢骨关节部位还有6处伤痕，左右肘关节损伤严重，左手骨骼缺失。这些伤痕很可能是死者在遭到袭击时，用肢体遮挡防护时造成的，这似乎表明当时少女曾进行过激烈反抗。

如此多的凶器，如此残忍的手段，会不会她是触犯了族规或氏族的禁忌，而遭到了残忍杀戮呢？

阎毓民："即使违反了族规，犯了多大的罪，就是处死，不至于给以这么大的伤害，对她没

> **及笄**：古代女子满15岁结发，用笄贯之，因称女子满15岁为及笄。也指已到了结婚的年龄，如"年已及笄"。

> **笄**：束发用的簪子。古时女子十五岁时许配的，当年就束发戴上簪子，若一直未许配的，最迟二十岁时束发戴上簪子。

▲ 插入腰椎的骨器

有深仇大恨，不会做到这一步。她受了那么多伤，身中那么多利器，就是说行凶的人很多，很多人对她有仇恨。"

为了寻找少女的死亡真相，阎毓民对骨骼上的伤痕进行了仔细分析，并将18件骨器和骨骼上的伤痕逐一核对。

遗骸的头部被箭头射穿，第二腰椎上插着一根15厘米长的骨笄，第三腰椎中深深地嵌入两只骨镞。

肋骨、脊柱、骨盆上都留有被利器刺穿的伤痕。

这些用动物骨骼磨制的骨器虽然锋利，但人骨很坚硬，两者的硬度相差无几，这些骨器是如何进入身体的呢？

阎毓民："只能借助外力才能达到这个深度，部分伤处就是弓箭射的。"

阎毓民认为单凭细小的骨器本身要穿透人骨，可能性很小，它们很可能是借助了弓箭或是投掷的方式进入少女体内的。

同时他还发现，骨骼损伤的位置、朝向、形状，大小等都各不相同。

阎毓民："死者身中那么多骨器，说明行凶的人很多。骨骼上有的洞没有器物，有的伤没有器物，说明她受伤之后，有人又把骨器拔出去了。"

如此多的利器，如此残忍的手段，这让阎毓民怀疑，这名远古少女的死因似乎是一次有预谋的仇杀。

此时阎毓民的思绪穿越时空，回到了7000多年前那个少女遇害的夜晚。

在篝火旁，这个年仅16岁的少女被绑在树上，脸上露出了惊恐的神情，拼命地挣扎，一群手拿武器的氏族成员将她围在中间。男性手中的骨镞、骨锥等武器如雨点般反复刺向这个可怜的少女，而一些手中没有武器的女性，就拔出了盘头用的骨笄，深深地刺入少女身上，在熊熊的烈焰中这个少女被杀害了。

阎毓民："那么多武器，那么多人，射啊，刺啊，杀呀。她的左手没了，骨骼断了，如果对她没有仇恨，不会做到这一步。"

阎毓民认为部落成员的仇恨已经达到了极致，他们并不以杀死为目的，而是一种疯狂的复仇行为。那么，在史前的氏族部落中，究竟会有什么深仇大恨，才会如此残忍地杀害一位妙龄少女呢？

阎毓民："那时为土地、住宅、能源、粮食、水域等互相争执，经常打仗。"

尸骨出土的遗址，位于西安省东北的零口村，零河在这里汇入渭河，考古人员对这里的环境分析，认为7000多年前，这里气候温暖湿润，植被茂盛，非常适宜人类的居住生活。

那么，这个年轻女子会不会是在一次争夺居住地的争战中，被零口部落活捉的一个外族俘虏呢？

但外族的俘虏被杀后，会弃尸荒野，尸骨不会完整地保存下来，也不会是面部朝上，四肢平直的样子。

阎毓民："她仰身平躺着，面部朝上，直直地躺在那儿。"

阎毓民认为氏族部落在实施杀戮后，将她面部向上，平直地安葬，这似乎是远古人类出于某种目的的行为。

阎毓民："远古人类把女孩献给水神或其他神，祭祀时使用，就把她们杀了。"

于是一幕极为惨烈的情景，在阎毓民的想象中浮现出来。

7000多年前，由于连绵不断的雨水，零口部落的居住地受到洪水威胁，于是零口部落的成员们选择了祭祀这一古老的方式祈求上天。

一个漆黑的夜晚，部族成员们聚集起来，燃起篝火，一个16岁少女被绑在树上，部族成员们手拿武器，等待着祭祀的开始。此时少女非常恐惧，不停地挣扎着。随着周围的呐喊，欢呼，一场残酷的祭奠开始了。锋利的骨器雨点般射向少女，残忍地射入她的胸部、腹部和四肢，有些骨器还刺穿了腰椎，她在残酷的祭奠中死去了。为了表达对祭祀的虔诚，一些手中没有武器的女性，还将骨笄插入少女的体内，直到熊熊的篝火逐渐熄灭。

阎毓民推测这个少女很可能是远古祭祀中的牺牲品，然而发掘中的另一个细节却无法解释。

阎毓民："我们发现唯独她这一例有墓坑，而墓坑，是较高规格的埋葬。"

在氏族社会中，部落成员对待死者，有着严格的丧葬制度，而作为祭祀用者都被视为不祥之人，是不会专门葬在单独的墓坑中。

一般情况下本氏族的成员去世后，会埋在氏族墓地，而这具遗骸埋葬的地点却十分特殊，她不仅有单独的墓坑，而且还葬在居住区。

在差不多同时期的半坡遗址中，部族对待夭折的孩子，用瓮罐成殓，埋在居住区，为的是表达对孩子的眷恋之情。而少女的墓葬也在居住区，这似乎表明部族成员对她有着难以割舍的怀念之情。一边是深情的眷恋，一边是疯狂的杀戮，史前少女的身份似乎并不普通。

这让阎毓民否定了此前关于祭祀猜想，那少女被残忍杀戮后，又是什么原因被高规格下葬呢？

阎毓民："这个有墓坑的埋葬规格相对高一点。她身上有35处创伤，有18件骨器滞留身上，可以说是非常残忍的。她死后，又得到较高规格的埋葬，这十分矛盾。所以，我们推测死者可能是某个氏族的首领，被抓后遭受到如此残忍的杀戮。"

然而，即便是俘获对方的部落首领，在疯狂的杀戮后也不会葬在本族的居住区内，尸骨所呈现的姿态也不会那样平直，并且享受高规格的下葬方式。

▲ 高规格的埋葬

阎毓民："她那平直的身体和单独的墓穴，我们推测她可能是受到外族的惩罚后，本氏族把她埋葬了。"

阎毓民推测7000多年前，这个花季少女曾经是零口部落的一个首领，在战争中不幸被俘，遭到外族人的报复。部落成员们随后将她的尸骨夺回，为了表达对她的眷恋和怀念，把它安葬在部落的生活区。

似乎所有矛盾都迎刃而解了，然而事情的真相到底如何呢？有关专家还在对这一时期的社会形态、生活方式、部族习俗进行更深入的研究。

陕西零口村这个史前墓葬的发现，绝不仅仅是一次残杀事件的记录，它在考古上还有更重要的意义，它填补了这一时期黄河中游地区考古研究的空白，为人们了解当时的社会形态、生活习俗提供了重要依据。

《封神演义》中武王伐纣的故事,剔除神话色彩,就是一段真实的历史。

断代"武王伐纣"

武王伐纣:公元前1046年,周武王在商朝都城朝歌35千米外的牧野举行誓师大会,列数了商纣王的罪状,鼓动军队和商纣王决战。双方在牧野展开激战,纣王的军队临阵倒戈。纣王连夜逃回歌,登上鹿台放火自焚。武王伐纣是我国历史上的一件具有划时代意义的大事,它是商衰周兴的转折点,最早的记载见于《尚书》。

核物理学:以研究原子核的结构和变化规律,获得射线束并将其用于探测、分析的技术,以及研究同核能、核技术应用有关的物理问题的学科。1896年,贝可勒尔发现大然放射性,这是人类首次观测到核变化,这也成为核物理学的开端。此后的40多年,人类主要从事放射性衰变规律和射线性质的研究,并用来治疗肿瘤等疾病。

北京中华世纪坛的甬道有一条常年流水的水槽,水槽下面是用青铜板镌刻的逐年记录的中国历史,然而这里最远的纪年止步于公元前841年,即西周共和元年。也就是说,在公元前841年以前,无论是战争还是改朝换代的历史都没有纪年,是模糊不清的。中华民族五千年文明史仅有三千多年有史可查,正是因为这份缺憾,国际上竟然有人认为夏商周三代是一段虚构的历史。

为了解决这个问题,我国于1996年启动了一项史无前例的大型文化工程"夏商周断代工程",目的就是要解决夏商周三代的年代问题,其中,发生在商、周之间的一场战争,成为"夏商周断代工程"中最为关键的环节,这就是历史上著名的"武王伐纣",也称"武王克商"。

著名的核物理学家仇士华认为:武王克商在历史上是个很不确定的问题,司马迁作《史记》的时候,就没说清这个年代。研究历史,年代是最重要的，没有年代，历史也就不好说了。而武王克商的年代是一个标志性的，因为是周朝的开始。这个年代不定，商的年代也不好定。

"夏商周断代工程"邀请了四位学者作为首席科学家，除考古、历史、天文方面的权威专家外，还邀请了一位核物理学家——仇士华。仇士华的主要任务是用碳-14测年技术给历史遗物测年，从而找到历史事件的年代范围。重大的文化工程为什么邀请核物理学家作为首席科学家呢？仇士华能够破解"武王伐纣"的年代之谜吗？碳-14测年在这项重大文化工程中究竟有什么作用？

1949年，美国化学家利比发明了一项重要技术，任何一块古代人类、动物的遗骨，或者古代人类留下来的木炭残屑，都可以通过测定其中的碳-14的含量来推定它的年代。在这之前，对于有文字记载以前的各种文化的绝对年代是没有办法做出正确判断的。碳-14测年技术是放射性碳素断代技术的简称，自这项技术发明后，全世界的史前考古学进入了新时代。

自然界中碳元素有三种同位素，即碳-12、碳-13和放射性同位素碳-14。碳-14与氧结合成二氧化碳后进入所有活组织，先为植物吸收，后为动物纳入。只要植物或动物生存着，它们就会持续不断地吸收碳-14，并在机体内保持一定水平的碳-14。而当有机体死亡后，即会停止吸收碳-14，其组织内的碳-14便以5730年的半衰期开始衰变并逐渐消失。对于任何含碳物质，只要测定其剩下的放射性碳-14的含量，就可推断其年代。

在中国，碳-14测年的研究是从20世纪50年代开始的。1955年，著名考古学家夏鼐最早向国内介绍了碳-14测年技术，并筹备建立一所碳-14实验室。

仇士华从复旦大学物理系毕业后，被核物理学家钱三强挑选到刚刚组建的原子能所，成为研究两弹的秘密工作者之一。1957年仇士华被划为右派，之后被夏鼐调到了考古研究所，和他一起调到考古所的还有一位同样被划为右派的女士，她是仇士华的复旦大学同学，也是他的妻子蔡莲珍。

现在位于北京东厂胡同的王府井大街27号，就是当年仇士华所在的考古

▲ 中国核物理学家 仇士华

研究所,在这里仇士华和妻子一起创建了中国第一所碳-14实验室。

经过6年的潜心研究,1965年,碳-14实验室终于建成,然而,此时仇士华却面临着一个难题,碳-14测出的数据如何得到检验?研究的成果又如何才能被考古学家接受呢?

仇士华想出一个办法,让考古学家把他们已知年代的文物样品拿来做碳-14测定,看测出的结果和文物的年代是否相符。

盲测开始了,对考古一窍不通的仇士华经历着一次在他人生中具有重大意义的考试。仇士华选了3个样品,仔细测试,精确计算,得出的3个年代数据,全部在文物专家已知的年代范围之内。

▲ 碳-14测年部分设备

盲测的成功，使考古学家了解和相信了碳-14测年技术可以为考古断代。1972年，河南省的考古人员把50年代出土的石磨盘和石磨棒拿到北京，由于不知道这两件文物是什么年代的，当时的考古所所长夏鼐希望通过碳-14测年确定它们的年代。仇士华对同时出土的炭屑样品测年后，发现它们的年代竟然在七八千年前，由于当时已知中国最早的文化类型是6000多年前的仰韶文化，这是不是说明在仰韶文化以前，中华民族还有更早的文化起源呢？

为了确定这个数据，仇士华又陆续拿到了同时出土的骨笛、石镰等很多文物，经过对这些样品测年发现，它们的年代都已超过了7000年。也就是说，通过碳-14测年发现了早于仰韶文化的新文化类型。

通过碳-14测年确定了年代的裴李岗文化，是新石器早期最先进的文化。由于最先出土地点在河南省新郑市裴李岗村而得名。当时碳-14测年技术在国际上已普遍应用于考古领域，而用碳-14揭秘历史悬案最有名的莫过于20世纪80年代末，用碳-14测年技术鉴定耶稣裹尸布事件了。相传意大利西部城市都灵的镇市之宝"耶稣裹尸布"是耶稣遇难时留下的唯一遗物，但它到底是不是耶稣受难时的真正遗物呢？

1988年，世界上三个权威实验室同时对这个裹尸布做了碳-14的测定，证明织就裹尸布的植物生长年代为1260—1380年，是中世纪的产物，不可能是耶稣时代的东西。

破解了"耶稣裹尸布"悬案，使很多人惊讶于碳-14的神奇。同样是悬案，中国很多人并不认为碳-14可以破解"武王伐纣"的年代之谜，仇士华也清楚，用碳-14找到"武王伐纣"的年代不是一件容易的事。

仇士华说："我在考古所工作这么多年了，一直做年代课题，也知道武王克商的历史问题。武王克商的年代不仅是现在定不下来，司马迁作《史记》的时候就定不下来，以致后来有各种说法，归纳起来，大概有40多种。"

在这40几种说法中，年代最早的为公元前1130年，最晚的为公元前1018年，前后竟相差112年。然而，历史上真实的武王伐纣时间只有一个，这个真实的年代该如何断定？

仇士华说:"我们以前测的结果都会有误差,准确的年代在100年之内就不错了。而武王伐纣的年代本来就有44种说法,比较起来,100年左右的测试结果没有新突破。要解决这个问题,必须缩短到几十年。"

碳-14的局限性,主要表现在所测定的年代并不能精确到年,年代的误差可达100年甚至几百年。另外,由于大气中碳-14放射性水平不是恒定的,所以利用统一的现代碳标准计算出来的碳-14年代并不是我们日历的年代。碳-14年代如何转换成日历年代呢?

仇士华认为,这个问题是靠树的年轮来解决的,树一年长一轮,一棵长了五千年的树,就代表着五千年来大气中碳-14的水平。

社科院考古研究所研究员张雪莲说,碳-14测定之后,获得的是碳-14年代,必须转化为日历年代才有意义,可以通过树轮校正曲线得到日历年代。树轮校正曲线的纵坐标是碳-14年代,横坐标是日历年代,做碳-14测定后,通过树木年轮校正曲线就可以获得日历年代。

树轮校正曲线解决了碳-14年代和日历年代的转化问题,但是武王伐纣距今已经几千年了,它的真实时间如何寻找呢?此后的很长时间,武王伐纣的年代之谜一直盘桓在仇士华心中。他阅读了大量外文资料,发现国际上开始

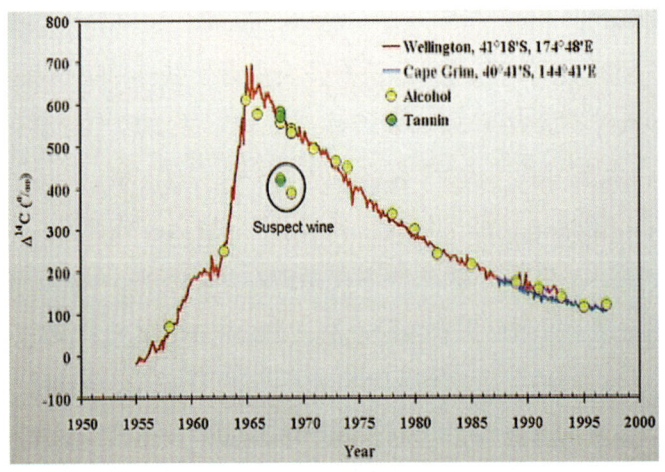

▲ 树轮校正曲线

应用高精度树轮校正曲线，如果在考古发掘的过程中能够提供系列样品测年，再经过高精度树轮校正曲线校正，测出的年代范围可以大大缩小。这个方法是否可行？又该去哪里找到这样的样品来验证这个方法呢？

▲ 长白山碳化树的树轮

仇士华说，近代长白山曾经有一次火山喷发，那次喷发很厉害，被火山灰覆盖着的大树已经炭化了。但仍有年轮，正好可以作为系列样品来做这个实验，我们得出的数据误差是 13 年。

这验证了碳-14 为系列样品测年是可靠的，也就是说，要测武王伐纣的年代，只要找到一个遗址，其中有先周和西周两个时期的样品，就可以组成一个系列进行测年，从而确定"武王伐纣"的年代范围。

为配合碳-14 测年，考古工作者开始寻找遗址并细心留意系列样品。当年负责这项工作的考古队长徐良高和考古工作人员们把目光不约而同地投向了同一个地方。

徐良高说，碳-14 测年最重要的是必须由考古方面提供背景比较清楚的系列性样品。

位于陕西省的丰镐遗址是周人的第二个都城遗址，也是西周重要的都城遗址。周文王出于战略考虑将都城迁至沣河西岸史称丰京，周武王时又迁至沣河东岸史称镐京，丰镐涵盖了文王和武王两个时代，也就涵盖了武王伐纣的年代。但丰镐都城后来是怎么湮没的，历史上并没有详细记载。明清以来，许多学者曾试图找到丰镐的具体位置都未能如愿，丰镐都城遗址曾经像西方特洛伊古城一样从人们的视线中消失了。1997 年，徐良高等考古人员在丰镐遗址的马王村开始大规模发掘。

徐良高说："我们同时对墓葬和遗址进行发掘，其中对遗址部分我们用开探方的办法，在一号探方中，就解决了从先周晚期到西周中期系列地层的取样。"

在这个清晰的考古学地层中,发掘出三类测试样品,第一类是动物的骨头,第二类是木炭,第三类是碳化的小米。

这些样品的出现让考古人员兴奋不已。仇士华认为,考古学家确认了样品出土地层的历史时期。这样,采样合适,成功率就高了。尤其是碳化小米,更有利于碳-14测年的准确性。

仇士华还选用树木外层的样品测年,测定的年代与碳化小米的差不多。这就有把握了,最终将丰镐遗址的年代定在公元前1050—前1020年,30年的范围之内。

30年的范围,将之前44种说法中的112年一下子缩短了82年。

怎样证明测年结果是准确的呢,仇士华认为不应只在这一个地方做。决定找其他的地方再进行碳-14测年,再论证。所以又继续在琉璃河、安阳两个地方测试。

殷墟在河南省安阳市,是商朝最后一个都城遗址,这里是很理想的测年地点。安阳殷墟年代在考古上被分作四期,最晚的第四期出土文物的碳-14测年为公元前1080—前1040年,这段时间在武王伐纣之前。而位于北京琉璃河的燕国遗址是西周最早的分封地,这个遗址的年代一定在武王伐纣之后。

在对琉璃河出土的系列样品测年后,碳-14测出的数据是在公元前1040—前1006年,与安阳殷墟的测年结果年代吻合。

碳-14测定为"武王伐纣"的年代划定了范围,从100多年准确到了30年,这是夏商周断

▲ 武王伐纣

代工程的重大突破。天文学家们根据天象记录,再结合西周时的金文历谱,进行了详细计算和推导,天文、历史、考古等多学科的专家共同选定武王伐纣的时间为公元前1046年。武王伐纣之年确定了,很多断代工作立刻找到了支点。从这一年往后的西周和往前的夏、商的年代都可以顺次地推算出来,通过对历史文献的研究,对文化遗址的发掘,以及对古文字和古天文学记录的鉴定,2000年,《夏商周年表》面世。这个年表把中国的历史纪年向前延伸了1200多年,夏商周三代没有确切纪年的历史空白被填补了。

仇士华说:"这不能说是准确的确定,只能是选定,因为定不死。"这个年代范围大家都认可了,可究竟是哪一年仍不好说。只能说根据测定,有把握的年代范围就是上下30年。目前碳-14测年法只能达到这个水平了。

"夏商周断代工程"汇聚了历史学、考古学、天文学等多学科的200多位专家学者,先后完成了9个课题、44个专题研究。工程弥补了中国历史5000余年文明史仅有3000多年有史可查的缺憾,也打破了夏商周三代是虚构历史的说法。2001年,这桩千古学术悬案尘埃落定,而仇士华夫妇也已两鬓斑白,他们与中国碳-14的研究相伴一生,从花样年华到满头白发,两位老人为中国碳-14的研究和发展付出了毕生心血。

作为一个核物理学家,仇先生把中国的考古事业带进了一个新领域。

> **碳-14测年法:** 又称放射性碳素断代法,由美国人利比在1947年创立,此后这个方法在考古学中得到了广泛的应用。不过,碳-14测年法只能准确测出五六万年以内的出土文物,对于年代更久远的出土文物是无法测定出来的。

755年"安史之乱"爆发，唐明皇李隆基带领杨贵妃出逃。第二天他们到达陕西境内的马嵬坡，此时随行的将士骤然发起叛变，杀死了大唐宰相杨国忠，随后将士们要求处死杨贵妃，唐玄宗被迫赐杨贵妃自尽。

一年后，唐玄宗派宦官改葬贵妃，结果去的人只带回了贵妃生前携带的香囊，从此民间流传出贵妃遗体失踪，贵妃可能没死的惊天奇闻。今日马嵬坡上重建的贵妃墓馆也只是一座衣冠冢。四川天国山脚下的红梅村有一座千年古墓，村里人世代流传着这是一座贵妃墓，经过挖掘事实与村民的传说相去甚远。

日本明星山口百惠对媒体声称自己是杨贵妃的后裔。而经过史料查证，杨贵妃逃去东瀛的说法由来已久，传说杨贵妃当年没死而是被遣唐使救到日本活至终老。1000多年前的马嵬坡上究竟出现了什么意外，贵妃遗体失踪，贵妃可能没死的传闻是真的吗？在当时的历史条件下，贵妃有可能到达日本吗？

这段记载和考证关乎一场促使大唐王朝从盛世转向衰败的政变，关乎一个大唐最美的女人、一段帝王和绝世丽人的不伦之恋、一个千年未解的生死之谜。

杨贵妃生死之谜

一、安史之乱，马嵬惊变

755年，一场声势浩大的政变促使繁盛的大唐王朝由此走向衰败——这便是历史上著名的"安史之乱"。755年7月14日，由安禄山统领的叛乱军大举攻入长安，接到密报的唐玄宗连夜带领众位嫔妃以及贴身禁军仓皇出逃。第二天，逃亡队伍到达陕西境内的马嵬坡。

就在这时，随行的将士突然起义反叛，当朝宰相杨国忠瞬间死于乱军之中。随后，叛乱的将士们将愤怒的矛头指向了杨国忠的堂妹——玄宗最为宠爱的杨贵妃，这名大唐最美的女人。他们要贵妃的命。"六军不发无奈何"。终于，这位70多岁的老皇帝李隆基，这位创造了"开元盛世"的唐玄宗，最终没有保住自己爱妃的性命。一代绝世美女香消玉殒在荒凉的马嵬坡上。就像白居易诗中所写的那样，君王最后也只能眼睁睁看着"花钿委地无人收，翠翘金雀玉搔头"。

一年以后，那场声势浩大的"安史之乱"终于暂时告一段落。大唐的皇宫内传来了此起彼伏的朝拜声，玄宗之子肃宗登上了皇位。玄宗由此退位，成为太上皇。

一切仿佛都回归了平静，大唐最美女人之死似乎已经不被人们记起。退位的玄宗是否还会思念起那位三千宠爱集于一身的杨氏？然而就在这年的夏天，一个月光朦胧的夜晚，几个神秘人忽然出现在荒凉的马嵬坡上。他们悄悄挖开了当年草草埋葬杨贵妃的坟墓，这些人究竟在找寻什么呢？他们是盗墓贼还是……

在史料中，人们发现了关于当年神秘的挖墓事件的记载。原来，玄宗皇帝回到长安后，秘密令宦官前去马嵬坡改葬贵妃，但是去改葬的人回来却说贵妃的遗体不见了，只带回了贵妃生前携带的香囊。

四川大学专门研究古代史的专家王炎平研究了这段史料后认为："据当时的记载，去的几个人把坟墓打开以后，发现遗体经过这一年半左右的时间'肌肤已坏'，也就是说遗体已经损坏。唐玄宗回长安是757年十二月初，回到长安差不多一年半后才派人前去马嵬坡。但是也有记载描述说，去的人发现在原来草草埋葬的墓穴中只存在一个香囊，这个香囊是贵妃生前佩带的，因此就把这个香囊带给了玄宗。"

就在这次挖墓事件之后，长安城内传出了"杨贵妃遗体失踪，杨贵妃可能没死"的惊天奇闻。贵妃的遗体怎么会失踪呢？人们陷入了迷惑之中。

二、杨贵妃遇难史料

翻开史料，人们找到了当年马嵬坡事变，杨贵妃遇难的大量记载：《玄宗本纪》里记载"命力士赐贵妃自缢"；同样在《杨太真外传》里也载为"缢死"。看来根据多数的史料记载，贵妃确实是上吊自杀了的。在当时将士叛乱的危急情况下"四军不发""贼本尚在"。这里的贼难道指的就是杨贵妃本人吗？叛乱的将士为何对杨贵妃有如此大的仇恨，要将其置于死地呢？身为大唐的统治者唐玄宗为何愿意将自己最宠幸的贵妃赐死呢？人们对这些更是疑惑不解，马嵬坡上的杨贵妃难道只有一死，才是最好的结局吗？

王教授认为"安史之乱"发生的原因虽然复杂，但其中一个最主要的原因就是唐玄宗后期政治走向腐败，也就是说唐玄宗的腐败政治要对"安史之乱"负直接责任。马嵬坡之变在一定程度上，实际上是对玄宗后期腐败政治的不满与责罚，就对腐败政治的责罚问题上来说，杨玉环实际上是代玄宗受过。

众所周知，杨贵妃是被誉为古代四大美人之一的绝世佳人，唐玄宗对杨贵妃极为宠爱，杨贵妃在当时的地位相当于皇后。745年8月，本是唐玄宗儿媳妇的杨玉环被正式册封为杨贵妃，从此和唐玄宗上演了一段轰轰烈烈的不伦之恋。

杨贵妃的美貌无疑是绝世罕有的。但是，就是那个深爱着杨贵妃的唐玄宗，拥有着至高无上的权力，却不能在危急关头保住爱妃的性命。

当时玄宗的心腹宦官高力士来劝说唐玄宗，他认为现在的情况是杨国忠已死，而贵妃仍在，诛杀杨国忠的将士心里还是不会安宁。将士心里不安，陛下就不安，将士安，陛下就安。原文如下："贵妃诚无罪，然将士已杀国忠。而贵妃在陛下左右。岂敢自安！愿陛下审思之，将士安，则陛下安矣。"

（《资治通鉴》）高力士以一种委婉的口吻，交代了问题的实质，就是说唐玄宗不能留下杨玉环。留下杨玉环，就有可能会对唐玄宗的安全产生影响。

70多岁的唐玄宗在无可奈何的情况之下，将杨贵妃赐死以留全尸。根据新旧唐书里的记载，在当时情势危急的马嵬坡上，杨贵妃主动同意献出自己的生命。杨贵妃在死之前请求去驿站旁边的佛堂祭拜，于是随后被缢死于佛堂。贵妃死后用紫褥裹盖草草地埋葬在佛堂旁边的土坡上，从此这个绝世佳人，就这样孤零零地躺在了荒凉的马嵬坡上。

各种文献对此都有记载，南宫博所著《杨贵妃》的附录2中有所印证：

《长恨歌》中白居易写杨贵妃在马嵬坡事变时："六军不发无奈何，宛转蛾眉马前死。"这是文学作品上记杨贵妃的死，是纪实，只有考证上的小错误：杨贵妃死于马嵬驿时间为天宝十五年（即至德元年，756年）六月丁酉（十五日），其时，天子只四军，据《旧唐书·玄宗皇帝记》："六月壬寅（二十日）次散关，分部下为六军。""六军"是在杨贵妃死后五日才建制的。马嵬坡兵变，只可称"四军不发"。不过，文学作品上这样的小误，实无损纪实，因为有不少专家编著的史书，如司马光的《资治通鉴》等，也一样记错了时间。甚至连《旧唐书》本身，也前后错记，六军建制，《玄宗纪》记时和《肃宗纪》记时亦各记一日。《旧唐书·本纪第九》，记马嵬兵变："……丙辰（注：'辰'应为'申'字之误）次马嵬驿。诸卫顿军不进，龙武大将军陈玄礼奏曰：'逆胡指阙，以诛国忠为名，然中外群情不无嫌怨，今国步艰阻，乘舆震荡，陛下

> **《资治通鉴》**：简称"通鉴"，是北宋司马光主编的一部多卷本编年体史书，共294卷，历时19年告成。它以时间为纲，事件为目，从周威烈王二十三年（公元前403）写起，到五代的后周世宗显德六年（959）征淮南停笔，涵盖16朝1362年的历史。它是中国第一部编年体通史，在中国官修史书中占有极重要的地位。《资治通鉴》(Comprehensive Mirror to Aid in Government) 是北宋著名史学家、政治家司马光（1019—1086）和他的助手刘攽、刘恕、范祖禹、司马康等人历时19年编纂的一部规模空前的编年体通史巨著。记载了从战国到五代共1362年的史实。在这部书里，编者总结出许多经验教训，供统治者借鉴，宋神宗认为此书"鉴于往事，有资于治道"，即以历史的得失作为鉴戒来加强统治，所以定名为《资治通鉴》。

▲ 清人绘杨玉环像

宜徇群情为社稷大计，国忠之徒，可置之于法。'会吐蕃使二十一人遮国忠告诉于驿门，众呼曰：'杨国忠连蕃人谋逆。'兵士围驿四合，乃诛杨国忠，众方退。一族兵犹未解；上令高力士诘之，回奏曰：'诸将既诛国忠，以贵妃在宫，人情恐惧。'上即命力士赐贵妃自尽……"

《新唐书·本纪第五》，记马嵬兵变云："……丙申，行在望贤宫，丁酉次马嵬；左龙武大将军陈玄礼杀杨国忠及御史大夫魏方进、太常卿杨暄；赐贵妃杨氏死。"（注：杨暄为杨国忠之子；二书所记载，以《新唐书》为确）

又，《旧唐书·玄宗杨贵妃》云："从幸至马嵬，禁军大将陈玄礼密启太子，诛国忠父子；既而四军不散，玄宗遣力士宣问，对曰：'贼本尚在。'盖指贵妃也。力士复奏，帝不获已，与妃诏，遂缢死于佛堂，时年三十八。瘗于驿西道侧……"

《新唐书·杨贵妃传》所载略同，文字稍有出入，有如下数语："帝不得已，与妃诀，引而去，缢路祠下。"

司马光《资治通鉴》引实录记马嵬事变较详，录如下："……陈玄礼以祸由杨国忠，欲诛之。因东宫宦者李辅国（名李静忠）以告太子，太子未决。令吐蕃使者二十余人遮国忠马，诉以无食，国忠未及对，军士呼曰：'国忠与胡虏谋反。'或射之中鞍，国忠走至西门内（注：马嵬驿之西门），军士追杀之，屠割支体。以枪揭其首于驿外门。并杀其子户部侍郎暄。及韩国、秦国夫人……军士围驿，上闻喧哗，问外何事？左右以国忠反对。上杖屦出驿门，慰劳军士，令收队。军士不应。上使高力士问之，玄礼对曰：'国忠谋反，贵妃不宜供奉，愿陛下割恩正法。'上曰：'朕当自处之。'入门倚杖倾首而立。久之，京兆司录韦谔前言曰：'今众怒难犯，安危在晷刻，愿陛下速决。'因叩头流血。上曰：'贵妃常居深宫，安知国忠反谋？'高力士曰：'贵妃诚无罪，然将士已杀国忠，而贵妃在陛下左右，岂敢自安，愿陛下审思之，将士安，则陛下安矣。'上乃命力士引贵妃于佛堂缢杀之，舆尸置驿庭，召玄礼等入视之。玄礼等乃免胄释甲，顿首请罪。上慰劳之……"

根据以上的记载，杨贵妃被缢杀于马嵬驿的佛堂（依《唐实录》），应该是无疑的了。杨贵妃死于马嵬，葬于马嵬，在官文书中，应已确定无疑。但是两年后奉命前去改葬的人为何没有找到她的遗体呢？民间为何传出杨贵妃可能遗体失踪、贵妃可能没死的惊天奇闻呢？

三、改葬事件的不同记载

关于那段神秘的挖墓事件，人们在查找史料的时候发现了新旧唐书两种不同的记载。《旧唐书·杨贵妃传》云："……上皇密令中使改葬于他所。初瘗时，以紫褥裹之，肌肤已坏，而香囊仍在，内官以献，上皇视之凄婉，乃令图其形于别殿，朝夕视之……"《新唐书·杨贵妃传》略同，但无"以紫褥裹之，肌肤已坏"之句，只言："启瘗，故香囊犹在。"也就是说只有香囊，而

▲ 三彩骆驼载乐俑

▲ 唐朝帷帽女骑俑

▲ 唐朝女坐俑

对于杨贵妃的遗体不着一词。

新旧唐书的记载为何有这样的差异呢，难道会是编写人的失误，疏忽了"肌肤已坏"的记载？倘若按《旧唐书》的说法，"肌肤已坏"，仍然是可以改葬的。为何去改葬的宦官只带回了贵妃携带的香囊呢？

人们又怀疑贵妃的遗体是否会被盗墓的人盗走了呢？但是这样的说法，又似乎很难成立：在当时危急的时刻下，民间的人是不会很快得知杨贵妃埋葬的地方的，而且遗体只是草草地埋葬，没有任何的陪葬品。倘若是盗墓分子所为，就不会留下杨贵妃身上所携带的香囊。

那么新旧唐书里面哪一个记载才是最准确的呢？《旧唐书》是唐朝时就记载的，而《新唐书》是宋朝人根据《旧唐书》编写的，按常理说应该是《旧唐书》尤为可信。但是如果是这样，《新唐书》照理也不应该将"肌肤已坏"这如此重要的记载给删掉。这样的疏漏不得不让后世的人们产生疑惑。唐玄宗改葬杨贵妃的愿望确实也没有实现，这似乎又不是情理之中的事情。

刘厚滨（人民大学历史系教授）："从唐明皇本人的角度来看，由于情势危急，杨贵妃不死不足以稳定军心，军心不稳则大势不稳，于是他必须要对外宣布贵妃确实死了。这样一想的话就会让人产生一种想象，觉得可以猜测成杨贵妃其实可能没死，宣布死亡只不过是玄宗的一种方法而已，那么玄宗就可以保全爱妃的性命。那么这两段记载的关键可能就是在这里。宋朝人在写《新唐书》的时候，可能觉得因为搞不清楚，所以干脆也不说有没有尸体了，就说香囊犹在就行了，就把有没有尸体的事情回避了。"

一千多年前的唐朝已经不复存在。人们无法预想马嵬坡上究竟发生了什么意外。杨贵妃是真的遇难还是被执刑的高力士手下留情呢？这个问题恐怕也只有当年的高力士和随行的侍女清楚了。

四、马嵬兵变幕后

马嵬兵变，实则是太子李亨（后之唐肃宗）在幕后支持所发动的。唐朝皇位的继承权，自来就不稳定，李亨虽贵为太子，但能否继承大统，不到最后，实在无由知晓。因此，李亨集团乘乱发动兵变，其真正目的，并不是杀杨贵妃，而是在于杀杨国忠，因为杨国忠是一个有实权的宰相，而且也是个有能力的宰相，如果不能除去杨国忠，即无法达到弑帝或逼迫李隆基（唐玄宗）逊位的目的。所以马嵬兵变发生，杨氏兄妹俱死，李亨在后来得讯，即不再随驾赴蜀，而是率所部趋渭滨，走奉天而赴朔方，至平凉，再转灵武，使自为皇帝。

> **杨国忠：**（？—756）本名钊，杨玉环同曾祖兄。武则天宠臣张易之的外甥。他年少时嗜赌好酒，752年李林甫死，国忠代相，兼吏部尚书。他仗势排除异己，与安禄山争宠，屡言安禄山必反。755年，安禄山果然起兵反唐。756年，杨国忠被从驾士兵所杀。

《资治通鉴》卷二一八，《唐纪》据《唐实录》述马嵬事件发生之后，李隆基等待太子不来，有如下一段记载："……上总辔待太子，久不至，使人侦之，还白状。上曰：'天也！'乃分后军二千人及飞龙厩马从太子，且谕将士曰：'太子仁孝，可奉宗庙，汝曹善佐之。'又谕太子曰：'汝勉之，勿以吾为念。西北诸胡，吾抚之素厚，汝必得其用。'……又使送东宫内人于太子。"

这是经过修饰了的篡位之情况。但是依然可以从这里看得出李隆基无可奈何的心情。由于目的只在除去杨国忠，国忠死后，迫杨贵妃死，旨在损李隆基的尊严。因此，验尸云云，陈玄礼绝不会认真。再者，陈玄礼为了将来自存，以一个军人，叛迫皇帝之后，如再认真验看贵妃遗体，亵渎之罪就大了。这方面，史书所载亦已很明白：四军将士闻杨贵妃死讯，即欢呼，陈玄礼免甲胄而拜，这说明了他们并未去验看杨贵妃的遗体。

倘若叛乱的将士没有在杨贵妃死后去检验杨贵妃的遗体，那是否预示1000多年前的马嵬坡上真的会有什么意外的情况出现呢？那件神秘的挖墓事件所产生的疑惑一直困扰着人们，贵妃的遗体为何消失得无影无踪了呢，倘若她的肌肤已坏，后去的宦官为何不改葬她，却只带回了她生前佩带的香囊？

一千多年后的今天，我们在法门寺博物馆内，见到了两个富有传奇色彩的香囊。经历了一千多年的岁月，那个有着金银色光辉的小香囊依然完好无

▲ 法门寺地宫出土的鎏金镂空银香囊

损，它就是杨贵妃死后留下来的香囊吗？

这种香囊在古代称作"香球"，唐朝时专为贵妇人携带，大的可以挂在床头进行熏香，小的就随身携带。法门寺博物馆宋馆长介绍这两件香囊，最大的直径是12.8厘米，小的一个是5.4厘米，它散发香气的原理就是在香囊里面有两个持平环，持平环上套一个钵盂，无论怎样转动，这个钵盂始终与地面保持平行，而里面的香料始终不会撒在外面，这种原理就和近代用于航海、航空活动的陀螺仪的原理相似。

从法门寺出土的这个香囊还可以看到，当时唐玄宗要改葬杨贵妃时发现的香囊，不是当时的一种丝织品，而是一种金属制品，也就是和法门寺发现的香囊应该是一样的。

史料记载，体态丰满的杨贵妃身上总会发出持续不断的香味，正是因为贵妃身上携带了如此巧妙的香囊。

一千多年后，这个香囊的出现，也使人们相信那次秘密的改葬，宦官带回了香囊给唐玄宗，日夜思念杨贵妃的玄宗只能对着佳人留下的遗物哀叹。

五、如今马嵬坡贵妃墓

开元盛世： 开元（713—741），是唐玄宗李隆基统治前期的年号。从唐太宗贞观初年到开元末年，经过一百多年的积累，唐朝出现了全面繁荣的景象，历史上叫作"开元盛世"。

今天的马嵬坡依旧苍凉，历史永远无法抹去贵妃的悲惨遭遇，这里见证了1000多年前那段令人费解的历史。传说，杨贵妃死后，唐玄宗日夜思念杨贵妃，时常在一棵槐树下哀悼，这棵古树后来被称作"太上槐"，它见证了佳人消失后

▲ 马嵬坡的杨贵妃墓

唐玄宗对贵妃的无限思念之情。

1000多年后,旧时的杨贵妃被埋葬的地方只有一个简陋的石碑,"文革"时这块墓碑也遭到了破坏。而今在马嵬镇上,重新修葺的杨贵妃墓馆,里面不仅有贵妃的墓,还有贵妃的塑像,供游人瞻仰。

1000多年前,唐朝的宦官挖开的就是这个墓,只不过这个贵妃墓完全与昔日的墓不同了,但是它依然还是一个衣冠冢。没有了贵妃的遗体,伴随着1000多年前那个难以解答的迷雾永久地存留在这里。

现今修葺的墓有3米高,外形用青砖包砌得严严实实。当然,原始的贵妃墓不可能有这样包砌的青砖。关于杨贵妃的坟墓在当地还有一个美好的传说。

当地有一个姑娘,长得奇丑无

▲ 明人绘唐玄宗李隆基像

比，她心想为何杨贵妃长得那么漂亮，上天却把我生得那么丑！她在贵妃坟上哭了一夜，脸上沾上了贵妃坟上的白土，结果第二天她回家一看，脸上的斑点全都不见了。杨贵妃墓上土的美容作用顿时传遍了四周，来的人都会抓一点贵妃土，后来为了保护坟土，就用青砖砌了起来。

在今日杨贵妃墓馆的碑文上，依然记载着"墓上生白土"这样的字，这个美好的传说故事也随着这座墓而流传至今。每当阳春三月的时候，贵妃墓馆里鲜花盛开，无数的游人相继踏来，在这位传奇的绝世美人墓前悼念。在墓馆里肃立着高达20米的贵妃塑像，依然显示出了一代美人的绰约风姿，连同留在她身上的谜题让人流连忘返。

人们不禁发问：贵妃究竟死在马嵬坡吗？她的遗体究竟去了哪里呢？而在马嵬镇，关于贵妃的遇难，后世流传着很多的诗文。其中也有传说贵妃没有死，在上吊之后，贵妃又复活了，被高力士和随行的侍女救了。

六、红梅村天国山古墓

早已物是人非的马嵬坡上，已经看不到佳人逝去时的悲凉，留给后人的是无限的疑惑。就在这个疑惑人们无法解答的情况下，四川省都江堰市的红梅村，传出了千年古墓的奇闻。

红梅村是坐落于四川天国山脚下的小村子，这个村子因为后山脚的一座千年古墓而充满了神秘色彩，村子里祖祖辈辈流传着这是一座杨贵妃墓的说法。据村民讲，早年在这里的墓碑上刻着杨宇，却没有名讳，这个有千年历史的墓是一个暗墓，村里人世代流传着这是一座贵妃墓。

那块墓碑在"文革"时期就已经不存在了，如今墓地也被种上了小麦，只有一块破陋的青砖祭台还留在这里。

李俊昌（红梅村村主任）："贵妃的墓地就是'面对青山，后对营山'。"

所谓"青山"就是青城山的最高峰——京边崖，后面的"营山"就是村里人所称的一巴码，当地也叫作流沙坡。1997年，市里和红梅村联合对该墓实行挖掘，如今的墓地已经被夷为平地，只有一个破落不堪的圆形青砖露在外面。

在1997年的那次挖掘过程中，挖到这个地方，深入了大约有1.5米的时候，发现有个棺材，只有底，四四方方，棺材里什么都没有，棺材的长度大约有1.7米。再往里挖1米左右，就是与棺材平行的一个面上，再往里走就发现了一块梯形的木材，有约4厘米厚，约1米长。当时参与活动的人都怀疑这个墓里面很

▲ 杨贵妃沐浴的"海棠汤"

深，就没有再进行挖掘。据当时的挖掘人员讲，挖出的瘦小棺木长仅1.7米，宽仅45厘米，按一般的推算，无疑是装女人的棺木。但是当年的墓碑和挖掘的情况，都已经无法核实了，仅凭村里的流传实在无法相信这是贵妃墓的说法。

天国山古墓可能会是杨贵妃墓吗？为什么历史上没有任何关于墓地主人的记载呢？当时参与挖掘的都江堰市文物局局长范拓宇证实道："在当时的挖掘过程中，并没有发现任何能够证明墓主人身份的文字材料。当然，存在一种可能性就是说这个墓早期被盗，所以没有任何的殉葬品。然而就是因为没有发现任何的殉葬品，所以墓主人的身份很难判断。我们只能从墓葬的形制和石材加工大致推断，这个墓葬的时代，大概不会超过明朝。"

专家的分析与村民流传的传说有很大的距离，似乎完全没有办法把天国山的千年古墓与杨贵妃真正联系在一起。于是那位倾国倾城的杨贵妃好像就这样无声无息地从历史中消失了。更多的人希望那个传说的内容是真的，他

们希望拥有着绝世美貌的贵妃从那场马嵬坡的浩劫中幸免于难。

七、贵妃墓惊现日本

755年，安史之乱爆发，一代绝世美人杨贵妃香消玉殒在马嵬坡上，两年后，挖开的贵妃墓中却找不到贵妃的遗体。杨贵妃可能会在马嵬坡死而复生吗？如果这位绝世美人真的幸免于难，她最终又去向何方呢？

1963年，一位日本少女出现于电视，自称为中国杨贵妃的后裔，而且还展示古代文件作佐证。这一事件曾引起不小的轰动。竹内好主编的日文杂志《中国》详细记录了这件事。2002年，日本著名影星山口百惠在接受媒体记者采访时，正式声明：她是杨贵妃的后裔。这些大洋彼岸传来的消息迅速在中国传播开来，人们感到无比的震惊，杨贵妃的后人怎么可能跑到日本去呢？当年的贵妃莫非真的逃离了大唐，转道东瀛了吗？

其实，翻开史料，有关杨贵妃东渡日本的说法由来已久。早在20世纪20年代，著名的红学家俞平伯先生就在《〈长恨歌〉及〈长恨歌传〉的传疑》（发表在《小说月报》第20卷第2号）一文中，对白居易的《长恨歌》和陈鸿的《长恨歌传》作了考证。他指出，杨贵妃可能并没有死在马嵬坡，而是去了日本定居。

文章中认为，在日本不仅有杨贵妃的坟墓，还有杨贵妃的塑像。而且，日本海沿岸一个叫作"久津"的渔村，以"杨贵妃之乡"而闻名。这里的人们坚信一个久远的传说：当年杨贵妃在"安史之乱"的形势逼迫之下，无奈乘坐"空舻舟"飘往大海。经过漫长时日，听天由命地漂泊至东瀛一个叫作"唐渡口"的地方，便是如今日本山口县的久津。为什么叫"唐渡口"？因为武则天建立周朝，大周对于唐朝宗室给予许多迫害。很多唐朝的贵族逃难，借助这股海流，逃到了油谷町村，从那里上岸。于是这儿就叫作"唐渡口"，就是说在唐朝，也经常有中国的人过来。这个观点是日本山口大学一位教授的观点，这些为杨贵妃登陆日本提供了一个历史背景。

当年杨贵妃在马嵬坡兵变的形势逼迫下,一名侍女代替她去死了,杨贵妃在日本遣唐使的帮助下,乘船离开了大唐,经过漫长的时日漂泊至一个村子,就是今日的日本山口县久津。山口百惠就是山口家族的一员,看来她声称自己是杨贵妃的后裔并不是空穴来风。

其实在日本,有两处据称是杨贵妃的坟墓:一处在荻町的长寿寺;另一处在久津。两墓皆为石塔,但形状不同。此外,又有杨贵妃的像(不知是玉是铜),亦传

▲ 西安沉香亭

有二:一在山口的荻町长寿寺,据说是杨贵妃死后,日本人所琢;一在京都,为唐使送往,而两像至今尚存。杨贵妃的二墓及二像,又都有典籍记载。

日本著名的文学作品中,如南宫博的《杨贵妃外传》和渡边龙策的《杨贵妃复活秘史》中,都有这样的描述,他们推断杨贵妃确实没死而逃到了日本。

日本世代流传的这些传说实在出乎国人的意料,而且所有传说都有根有据,一个中国的贵妃,竟然在日本很多地方,都建有她的坟墓和塑像,这是不可否认的事实。难道杨贵妃真是逃去了日本?

著名的比较文学专家北京大学的严绍璗教授从事研究比较文学20多年,对日本的文化有很多的了解。对于贵妃在日本受到的推崇,严教授做出了这样的解释:"我想这个最早的起源跟白居易的《长恨歌》是有关系的。白居易

在记述杨贵妃事迹的时候,写了《长恨歌》这样著名的一首长诗。在长诗的后半部分,他表述了对杨贵妃(下落)的一种想象,说虽然她在事变中间人已经死了,但是她的灵魂还是活着的,她的灵魂飘摇到神仙山上,后来她和唐明皇所派去的道士在神仙山上相遇了。"

而众所周知,白居易的《长恨歌》是历史上描写杨贵妃和唐玄宗爱情的最为著名的传世名作。《长恨歌》里关于杨贵妃的下落,写到过这样的诗句:"马嵬坡下泥土中,不见玉颜空死处""上穷碧落下黄泉,两处茫茫皆不见""忽闻海上有仙山,山在虚无缥缈间""中有一人字太真,雪肤花貌参差是"。

如果人们仔细地分析这段诗文,其中"不见玉颜空死处"就是描写了马嵬坡上找不到杨贵妃的遗体了。而此后唐玄宗派一个道士去找寻杨贵妃,结果"上穷碧落下黄泉"都没有找到,最后道士在仙山上找到了名为"太真"的女子,而"太真"恰恰是贵妃出家时的法号。这一系列描述让人们充满了想象,由于是浪漫风格的诗文,倘若道士真的在仙山上找到了贵妃,这里的仙山究竟指的是哪里,世界上存在这样的地方吗?人们陷入了沉思之中。

八、"蓬莱仙山"在日本吗?

《长恨歌》里写到的称蓬莱的仙山在哪里呢?

大约在14世纪的后期和15世纪的初期,日本的"能"开始逐渐地发达起来,"能"是日本的一种古典戏剧。"能"是以许许多多的生活实景作为它的题材,其中有一部"能"是专门以中国的题材来进行创作。在文学史上,有一个专门的名词叫"唐氏能"。以唐来代替中国,以唐氏能创作的剧本大概有十几种,其中有一个剧本,就叫作《杨贵妃》。在这个能剧里,讲了这么一个故事:杨贵妃在"安史之乱"之后,到了蓬莱山上,那跟白居易的《长恨歌》有所不同,白居易的《长恨歌》说杨贵妃是人死了,灵魂到了神仙山上,这个能剧《杨贵妃》却说杨贵妃没有死，而是来到了蓬莱山。在蓬莱山上，她又和唐明皇派来的道士互相见面了，那么基本的情节，还是演绎了《长恨歌》的构思，但是其中发生了一个质的改变，就是杨贵妃并没有死，而是在这个蓬莱山得以终老。

严教授说："关于蓬莱山，在中日文化史上，具有特别的文化意义。因为在日本的文学创作的概念中，他们常常把蓬莱山本身就指为日本本土。我们都知道，蓬莱山是中国道教所构思的生活在大海中的神仙所居住的一座神山。但是在日本的文学中，常常把蓬莱山作为日本本身，加以演化的，所以这种能剧，它多少暗示了杨贵妃在安禄山事变之后，她其实没有死，可能到达了日本。"

但是在中国的史料中并没有记载"蓬莱山就是日本"的说法，人们还是陷入了迷惑之中。

随着白居易文学作品在日本的流传，杨贵妃在11世纪的日本就已经家喻户晓，杨贵妃逃亡日本的说法也是那时才传入中国的。11世纪时，日本的著名作家紫式部根据白居易的《长恨歌》写了世界上最长的一部小说——《源氏物语》。紫式部是日本的宫廷女官，主要为宫廷内的贵夫人们讲述汉学。《源氏物语》就是描述了宫廷内女人们的明争暗斗，而她们之中有人的命运与中国的杨贵妃有颇多相似之处。

这部小说在开宗名义的第一卷，叫作《桐壶》。关于这第一卷，现在研究《源氏物语》的不管是中国的还是日本的大部分学者，都已经基本上有一个共同的认识，就是《桐壶》这一卷是以白居易的《长恨歌》作为基本的构思来展开小说脉络的。其中写道："话说从前某一朝天皇时代，后宫妃嫔甚多，其中有一更衣，出身并不十

> **《源氏物语》**：日本的一部古典文学名著，对于日本文学的发展产生过巨大的影响，被誉为日本古典文学的高峰，在日本开启了"物哀"的时代。作品的成书年代一般认为是在1001—1008年，因此可以说，《源氏物语》是世界上最早的长篇写实小说，小说描写了平安京时期日本的风貌，揭露人性，宫中的斗争，反映了当时妇女的无权地位和苦难生活，为三千万日本家庭不朽的国民文学，是世界上公认的亚洲文学十大理想藏书，亦是世界文学宝库中不可或缺的一件珍品。

分高贵,却蒙皇上特别宠爱。……朝中高官贵族,大都不以为然,大家侧目而视,相与议论道:这等专宠,真正让人吃惊!唐朝就为了有此等事,弄得天下大乱。"

传说杨贵妃到达日本后,受到日本孝谦皇后的重用,杨贵妃居住的日本宫廷就像是唐朝的建筑模式,最终她由于思念唐玄宗郁郁寡欢,死在日本。这些传说和前面的逃亡联系起来似乎都是可能的事情,但是这些传说仅仅是传说,没有确凿的证据去证实。

更为传奇的是,根据《长恨歌》中的描述,唐玄宗因为思念杨贵妃,命一名道士招魂,结果道士在仙山上找到了杨贵妃,并且带回了杨贵妃给唐玄宗的信物——发簪。所以,后来弥留之际的唐玄宗时常拿着道士带回的信物偷偷落泪。此情此景,让人看了不免心生悲哀。

倘若道士真是在日本的仙山上找到了杨贵妃,按当时的原始条件,杨贵妃有可能逃到日本去吗?

到了2004年,中国歌剧舞剧院和日本的演员合作,在北京天坛剧场,演出了一幕大型的歌舞剧,就叫作《杨贵妃》。在这个戏中,明确地表示在"安史之乱"之后的马嵬事变中,杨贵妃并没有死。由当年一个日本的留学生,帮助她从事变中脱逃,而有一个日本女留学生顶替杨贵妃在马嵬坡被杀了,后来杨贵妃又东渡到了日本。

在南宫博的《杨贵妃外传》和渡边龙策的《杨贵妃复活秘史》中,都是这样描述的,说杨贵妃是有人代替去死,或是她上吊后又恢复了元气,最后在遣唐使的帮助下,才到达了日本。倘若杨贵妃是被别人代替而死,那下葬的人又究竟是谁?史料明确记载,贵妃死后用紫色被褥将其草草埋葬,难道埋葬的是一个顶替她而死的人?

这些推断似乎在情理之中,但是就算有人代替贵妃去死,在唐朝,海上交通很不发达的情况下,杨贵妃如何能顺利地逃到日本呢?现今的人对杨贵妃在当时的条件下如何漂洋过海简直是难以想象的。

在1000多年前的唐朝,史料中最翔实的航海记载就是东渡日本的鉴真和尚。这位中日文化的传播者前后历经11年，前后经历了5次失败，屡遭磨难，第6次才终于到达日本。在那样的艰苦条件下，杨贵妃想要逃到日本究竟有多大可能性呢？

刘厚滨（中国人民大学历史系教授）："唐朝时候，中日之间的交往非常频繁。据记载，包括非正式的有十六七次甚至十八九次的遣唐使，至少能够落实的也有十五次。在唐朝不到300年的时间里，经常有日本人来，其中规模最大的是盛唐时候的使团，达到将近600人，最多一次590多人，是很大的一个规模。一般从日本来的船，一次是三四艘，所以一般一次交流船所载的总人数能达到一百多人。那时候，日本的造船技术在世界上也属于比较发达的。当然，唐朝的官船可能比他们的还要先进，因为在广州有市舶使，就是为了促进唐朝与阿拉伯国家、东南亚各国的贸易往来。大量的中国瓷器出口，船的规模是非常大的。所以从航海技术、造船技术、航海区域交往的规模上来说，杨贵妃出逃日本是没有什么问题的。"

有一张唐朝时日本遣唐使船图。唐朝有记载的十多次遣唐都是乘坐这样的船来往于大唐和日本之间。日本古称倭国。在唐朝时才改称日本，据史料记载，这样的遣唐船可载一百多人，日本遣唐使人员会在日本博多集中起来出发，到达唐朝的明州、扬州和苏州后就可以进入大唐的首都长安。

就算这样的遣唐使船能到达日本，在兵荒马乱的大唐，杨贵妃可以在哪个港口登船呢？据中国古代交通史记载，当时唐玄宗逃到了四川，随后还有逃走的留学生、遣唐使等。那么杨贵妃一定会选择相反的方向，可能到了武汉，经长江下流，有三条路线，一个是扬州，另外两个是苏州和明州，可能在此三个地方登船，最后经历数日到达日本的"山口久津"。传说中杨贵妃到达日本的村子就是日本的山口久津县，后来它以"杨贵妃之乡"而闻名。

这样的推理似乎是可行的，但这也是后人的猜测。在当时危急的情况下，杨贵妃就算能幸存

> **花钿：**对花钿的解释有两种，其一为用金翠珠宝制成花朵形的首饰；其二为一种额饰，用胶贴在额头上的小饰物。其中，第二种说法较为常见。

▲ 泰陵翼马

下来,她能这样脱离大唐吗?当时要将她置于死地的四军,都是受太子李亨也就是后来的唐肃宗的指派,已经成为皇上的肃宗怎么可能容忍杨贵妃逃离大唐呢?据史料记载,杨贵妃死后,唐肃宗拒绝将贵妃纳入后宫名册之内,如此看来他们之间有极深的仇恨。

很多的因素,促使人们愿意相信杨贵妃是可以不死的。这些途径从逻辑上、从推理上来说也是成立的,尽管没有依据。这样的话,如果人们相信她没有死,她应该是逃走了。那么逃到哪里去了呢?在唐朝的国土上,她不可能生存,因为肃宗控制局面以后,他不能允许杨贵妃还在唐朝生活。日本自然是一个很好的去处,而从当时的交通条件、中日交往来说又是很可能现实的。

至今为止,关于杨贵妃生死之事,中国学者提出过疑问,但是没有描述她潜逃的路线。日本作品描写杨贵妃到达日本基于一个想象的事实,他们都认为杨贵妃是通过东海交通到达日本的,这种东海交通的线路,它和当时逐渐发达起来的中日交往是有关系的,在此之前,中日之间的交通主要是通过朝鲜半岛来实行的,那是一段艰难的时间,隋朝后期日本可以通过东海,到达唐朝以后,日本就连续向中国政府派出遣唐使。

这样东海之间就开始了政府之间的交通,所以杨贵妃要想逃往日本,只能通过东海的遣唐使,她才能够到达日本本土。这个线路实际也是非常困难的，而且事实上估计杨贵妃是难以通行的。因为每次遣唐使间隔的时间非常的长，整个遣唐使到达中国的次数现在说法不一，总而言之不会超过十几次，每一次的时间间隔都非常长。所以杨贵妃即使是从关中有可能存活被营救到东海，她能接上日本的遣唐使，这中间还要经过一系列极为复杂的转移手续。在当时的技术条件之下，以及在当时总体的文化氛围中，这种可能性是很小的。而根据日本遣唐使回国以后的报告来看，没有一次日本遣唐使回国的正式报告中提到有杨贵妃到达日本的这样一个事实。如果说不是通过遣唐使到达日本的，那么她就不可能到达日本，因为当时中日之间没有海上的自由往来。海上的贸易开始于宋朝，唐朝时海上交通还不是一种一般的常见交通，所以杨贵妃即使幸存而能够脱逃，她到达日本的可能性也是很小的。

九、"蓬莱仙山"的新说

就在逃亡日本的传闻在民间炒得沸沸扬扬时，有关贵妃的下落，又传出了一种新的说法。

四川太蓬山位于四川省营山县营山乡境内。太蓬山，地貌独特，山势险峻，早在晋朝初期，已经是道教圣地之一，隋唐之后香火鼎盛。传说太蓬山诸峰呈莲蓬状，所以后人取荷花的莲蓬之意称其为"太蓬山"，蓬山上仙雾缭绕，素有"蓬莱仙迹"之称。

当地人传说，马嵬事变后，杨贵妃乔装打扮，翻秦岭，过巴中，跨州越县，终于来到太蓬山避难，立即得到道士们的同情和保护。而杨贵妃早年与道教关系密切，对太蓬山早就心向往之。

四川文史研究馆史学专家冯汉镛教授曾经率队来到太蓬山考察。他认为："天上地下都找不到，结果在蓬山找到她。而蓬山呢，在唐诗里面都称之为蓬瀛、蓬岛，很少称它是蓬山，太蓬山实际上指的是蓬山（蓬莱），这样就可以证明杨贵妃是到了蓬山。她之所以晓得蓬山是因为运送荔枝的路线要经常经

▲ 西安出土的"开元通宝"金币

过这里,所以她才会走到太蓬山去,不然的话她就不会去了。"

白居易《长恨歌》里的"蓬莱"会是指太蓬山吗?当年复活的杨贵妃怎么会逃到太蓬山呢?传说大唐时杨贵妃酷爱吃荔枝,唐玄宗专门开辟了一条荔枝路,快马加鞭以最快的速度把荔枝送到杨贵妃面前,而这条路就经过太蓬山。

后人称杨贵妃是知道这条路的,尤其太蓬山此地地势偏僻,适合躲藏。山上有一道观。杨贵妃早期信奉道教,自然能得到道观内道士的收留。倘若唐玄宗派去的道士是在此山找到的杨贵妃,并且带回了杨贵妃的发簪,但是为什么道士能够找到的地方,其他人就发现不了呢?

传说杨贵妃就是在这里避难,度过她的凄苦晚年,死后葬在山下的村子里。来到山下,我们看到了这个构造简单,已经生了青苔的坟墓。奇怪的是这个墓上只刻了"杨氏之墓"4个字。

当地村民:"我在这个山上住了好多年,我都60多岁了,一直是在这里干活,看到坟上面记载是有个姓杨的,我们这一方没有姓杨的。我就听上一代的人说,有三个女的出来逃难,那时有两个陪同一路,在上头第二坡那里,她们还搭了一个篷。这座墓应该是杨贵妃死后悄悄埋葬在这里,这座墓和对面的双乳峰有了奇特的联系。"

两者结合起来被当地的村民称作"仙女坟",意思是墓中埋葬的是美人。杨贵妃死后,山下的村子称作"杨家村",当时的村里人隐瞒了贵妃的消息。

太蓬山下的杨氏之墓会是贵妃的墓吗?杨贵妃真的终老于太蓬山吗?为何史料里没有任何的记载?按照常理,就算杨贵妃被葬在这里也是会有记载的,难道是因为这座山地势偏僻而造成的地理隔绝吗?

现今的人也无法去考证这些,都只能是一些猜测罢了。

其实发生在杨玉环身上的种种传闻，归根到底都反映了一个问题，就是天下人心对当年唐朝这个历史变故和有关当事人的态度。而天下人心的这个态度，在批评和同情并存的情况下，随着时间的推移，越来越以同情为主。

杨贵妃是生是死的传闻相持不下，一方面是由于史料的粗略记载，一方面是文人墨客的浪漫描述，给世人带来了无限的希望与幻想。"杨贵妃"三个字已经成为形象化大唐盛世的代名词，她的生死之谜值得我们永远去探索。

1402年，南京城的一场宫廷烈火中，一位登基仅仅4年的年轻帝王——建文皇帝走到了生命尽头。要置他于死地的，是他的叔叔燕王朱棣。

这就是明史上著名的"靖难之役"。

兴兵夺权的朱棣最终登上皇位，史称永乐帝。在他的统治下，明王朝完成了从南京迁都北京的浩大工程，开创了一段辉煌的"永乐盛世"。而那场曾经改变历史的熊熊大火，在史家笔端则浓缩成"帝自焚"这样一行简单字符。

建文帝真的自焚了吗？有人称在事变后还发现了他的踪迹……

建文皇帝生死之谜

一、自焚之秘

靖难之役： 明太祖死后，各地藩王势力日益膨胀。他的孙子建文帝采取了一系列削藩措施，严重威胁到藩王利益，在这种背景下，明太祖第四子燕王朱棣起兵反抗，随后挥师南下直逼都城，史称"靖难之役"。双方经过三年战争，最终朱棣登上帝位，成为明成祖。

在"靖难之役"600年后的一天，南京一位姓让的老人出人意料地出现在史学界面前。84岁的让庆光老先生是南京有线电厂的退休工程师，他自称建文帝十五世孙，并向史学界公布了口传家谱中记载的一个惊人内幕：建文皇帝当初并没有自焚而死，而是逃出南京，并改名让銮，在今天的湖南、湖北一带隐居下来。

让庆光："从很小的时候起，家长就不让我们问让姓的来历，父亲仅告诉我们姓甚名谁而已。到日本鬼子打来，我们家跑到湘西，父亲做族谱整理工作时，才告诉我说我们祖先是明朝的建文帝。这个家族秘密原本只传老大，我们家里我是老三，因为前面两个都死掉了，所以才告诉我。我们家族习惯于对姓氏来历讳莫如深。当初永乐帝如果知道谁是建文皇帝后代、亲人，或朋友，那可是要诛杀九族的啊！"

如果建文帝当年没有丧生火海，而是逃出宫中，他重新选择姓"让"名"銮"有何讲究呢？让庆光说："銮是金銮宝殿、皇帝宝座的意思，让銮就是让出皇位，家谱里对此记录得很清楚，而且史书中也有建文帝主动让位一说。"

▲ 永乐皇帝

▲ 自称建文帝后代的老人——让庆光

明朝正史《明太宗实录》已有"帝自焚"的记载，而让氏之"逃亡说"依据的《让氏家谱》，仅为历代先祖口授心传的描述，可靠吗？

其实"逃亡说"并非孤证，还可以找到其他史料。明史专家潘群老人就发现这样一条记载，说是万历二年，明神宗问当朝宰相、改革家张居正"建文帝到底是怎么回事"，张说相传是跑掉了，还活着。潘群认为，皇帝跟宰相讨论这样一个严肃的问题，宰相应该不

《**明太宗实录**》：明朝历朝官修的编年体史书，是研究明朝历史的基本史籍。全书共13部，1600多万字，书中记录明太祖朱元璋到明熹宗朱由校共15代明皇帝的史实，其中建文朝实录附于《太祖实录》中。清初为编修《明史》曾征集了一小部分档案，贮存在内阁大库之中。后又几经变乱，散佚不少。

敢欺君说假话的。

而"自焚说"一直在受到质疑，包括在明朝，只是在明成祖铁腕统治下，无人敢触及这一敏感话题。细查《明太宗实录》的记载：当燕王朱棣的人马杀入宫中，建文帝已经没了踪影。经过几天搜查，最后从灰烬中找到了建文帝的尸体，已经满身焦烂，四肢不全。燕王不胜悲戚，抚尸痛哭道："你何苦这样呢？我只是来帮你的啊！"可是，既然是焦尸，凭什么认定就是建文帝呢？记载本身即为"自焚论"留下疑点。

封建王朝每个皇帝都有自己的史录。燕王朱棣登基后，加封自己为太宗，留下来的史录是《明太宗实录》(简称《实录》)。《实录》记载有朱棣破金川门、领兵冲进皇宫之后，传建文帝谋臣方孝孺入殿，威逼他为自己起草继位诏书。潘群说，大家都知道方孝孺是个忠正不屈的知识分子，当时愤怒掷笔，激怒了朱棣，最终被处以极刑，株连十族，而《实录》却把他写成一个磕头求饶的谋士，由这点可以看出来，《实录》本身是靠不住的。

《实录》可能是为了掩盖朱棣夺权篡位的史实而刻意扭曲，而隔代修著的《明史》没那么多忌讳，应该更加可信吧。但《明史》中关于建文皇帝寥寥数语的记载中，也说"燕王遣中使出帝后尸于火中，越八日壬申葬之"。难道建文帝真是死于兵燹，后被燕王下葬的吗？

南京明孝陵是明太祖朱元璋的陵寝，孝陵旁边的明东陵是朱元璋儿子朱标即建文帝之父的陵寝。如果燕王朱棣礼葬建文帝，那么很可能就将他埋葬在孝陵和东陵附近。可随着现代考古挖掘工作的展开，人们始终没有找到有关建文帝墓葬的蛛丝马迹。中国社科院历史所研究员商传认为，明朝用皇帝礼埋葬的规制很高，如果建文帝真是以帝礼下葬，那应该有一个很有规制的陵墓，应该就在中山孝陵一带，不可能彻底消失掉。

其实早在明朝中后期，就没人知道建文帝葬于何处了，这也给那些不认为建文帝自焚身亡者

中山孝陵：明朝开国皇帝朱元璋和皇后马氏的合葬陵墓，因皇后谥号孝慈，故名孝陵。它代表了明初建筑和石刻艺术的最高成就，并直接影响了明清两朝500多年帝王陵寝的形制，是中国古代最大的帝王陵寝之一。2003年联合国教科文组织将其列入世界文化遗产。

提供了推测空间，猜想那个被烧焦的尸体根本不是建文帝。

商传还进一步认为，燕王有伪造建文帝死讯的动机。南京城破，宫中起火，情况相当混乱。找不到建文帝，可以说他死了，这样燕王面对的才是一个无君之国，他才可以顺理成章地做皇帝。

另外，燕王破城而入时，还大肆搜寻过建文帝的两个儿子：长子朱文奎和次子朱文圭。2岁的朱文圭被找到，后一直被幽禁在广安宫，直到英宗天顺年间才被放出来；长子朱文奎却一直下落不明，《明史》中论载"燕师入，七岁矣，莫知所终"。既然7岁的朱文奎都能够遁身避难，那么建文帝又何尝无处逃匿呢？

显然，建文帝有可能未被烧死，而是潜逃了。而清朝修订的权威史著《明史》，为何还要认为建文帝死于战火呢？潘群回顾了这样一段修史故事。

康熙十八年，著名史学家徐家炎被任命修著《明史·建文本纪》，他对于如何记述建文帝下落疑虑重重。徐家炎本意主张建文帝出亡（即出逃），没有死。但是当时明史馆总裁王鸿绪、明史本纪作者朱玉臻都是当朝大官，他们出于政治影响的考量，不主张建文帝出亡，而是主张身死。因为当时有一起"朱三太子案"，有人自称崇祯帝失散的"朱三太子"，打出"反清复明"的旗号造反，令朝廷颇为头疼，而建文帝的逃亡不正好影射了"朱三太子"的起事吗？所以出于维护康熙王朝、清朝政权稳定的考虑，王鸿绪、朱玉臻极力主张建文帝是死掉了。

> **朱三太子案：** 清朝康雍乾时期，许多人扯起故国旗号，拥立亡皇后裔，自称朱三太子，起兵对抗朝廷，多达十余起，前后持续100余年。其中杨起隆起事是影响最大的一次。而历史上真正的朱三太子名叫朱慈焕，康熙四十七年即被处死，但以后仍然有人尊奉"朱三太子"的名号起事。

至此，《明史》也难以为"自焚说"立证。潘群说："我个人认为建文帝是出亡了。到今天为止，并没有一个过硬的史料证明他是死在宫中。"

被自己的叔叔夺取皇位，逃出宫中幸存一命已算苟且偷生，真相却始终被严密遮盖，引起后世无尽猜测，成为青史话柄。建文帝的际遇让人感到了世事无常的悲凉。

成书早于《明史》的《明史纪事本末》更是大胆提出了建文帝的逃生始末。它是清朝学者谷应泰编撰的，与《明史》不同，它属于非官方的著述，权威性被当时的人们认可。潘群也认为，这本书成书先于《明史》，因此有很多观点和事实并未涉及清廷忌讳，能保留一些有价值的真实记载。

《本末》记载，燕王挥师逼近南京时，建文帝手足无措。一个朝臣提醒他，他祖父朱元璋驾崩前留有一个朱红锦盒，让孙子在紧急时刻打开使用。建文帝赶忙打开一看，发现里面装着袈裟、剃刀和僧人度牒。于是他和几个心腹大臣打扮成和尚模样，根据盒中指示，通过皇宫密道逃到宫外的神乐观。

这记载极富传奇性，听起来很像神话，它可信吗？经历过人生大风大浪的太祖朱元璋，深知王权之路险恶，文弱的长孙掌权即会临难，因此遗计规划周密的逃生策略，这或可理解，但若朱元璋死前即能预见一切，为何不直接指点建文帝稳固君位、早除朱棣祸害呢？这样看来，"神话"又让人不敢轻信了。

可是偏偏在此后的一些典籍中，出现了关于建文帝逃出皇宫所走密道的描述。《明史考证》里有这样一段记载："宫中阴沟，直通土城之外，高丈二，阔八尺，足行一人一马，备临祸潜出，可谓深思熟虑矣。"潘群说，明宫存在地下道已经得到证明，有记载说地下道很高，高得人可以跑出去。建文帝跑出去后有的说从"鬼门"出去，有的说从城南、从中华门出去，但是最终是跑掉了。

传说中的密道是否存在呢？一直对这段历史很有研究的季士家老先生多年前的一个发现，让建文帝通过皇宫密道出逃的传闻变得真实起来：1978年，太平门里面有家南京钢锉厂，那座工厂现在已经没有了。当时他们要建一栋新楼，需挖个地下室，结果挖出了地道。那地道高度大概在2.5米，宽度有2米左右。当时季士家开玩笑说，小吉普车都可以驶进去。现在地道看不出来了，因为地下室封死了。

当年发现地道的地方，就在原来明宫旁边。如果建文帝真是通过密道出逃的，很可能就通过

▲ 明宫廷画师绘明成祖朱棣像

这里。这个地道有多长？是否能通出皇宫？后人不经意地把这个秘密封堵了起来，现在地下室已成了堆放杂物的储蓄室。但这至少已经证明：明皇宫内确实有地道。

2005年6月的一天，退休在家的季老先生又接到一个考古爱好者的电话，说在清凉山旁边的国防园发现了一个明朝涵洞。

尘封数百年的涵洞位于原明宫的宫城外，季老先生推断，这个涵洞主要是排水用的，它是清凉山的水源，但不下雨时就是旱洞，完全可以容纳一个人轻松通过。联系多年前发现的皇宫内地道，这涵洞很可能就是地道的出口。

▲ 方孝孺像

也许神话般的记载并非神话，建文皇帝真的如此出逃了。清人有诗写此事：

正是围城四面攻，如何地道远能通。
不知飞燕来何事，却说潜龙去此中。

诗中飞燕指燕王"朱棣"，潜龙指"建文皇帝"。

▲ 朱元璋

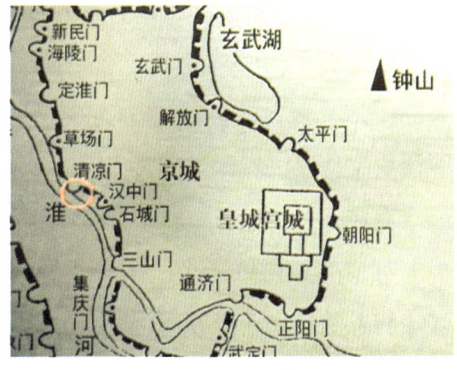

▲ 涵洞位置

回首600多年前那个惊恐的黑夜，刀剑铿锵，文弱的建文皇帝知道，他那打着"清君侧"旗号的叔叔朱棣一旦攻进王宫，自己就死到临头了。建文帝使了一个火烧王宫的金蝉脱壳计，乘乱逃脱。而朱棣为了能名正言顺地登上天子宝座，也只好顺水推舟地把一具烧焦了的残骸当成建文帝安葬了。然后心情忐忑地登上金銮殿，用隐藏着忧虑的复杂眼神，鸟瞰芸芸众生和锦绣江山。而建文帝则与三两随从在某处野地里狼奔豕突，龙颜唐突，几欲昏厥。他不知道明天将要亡命何方，不知道铁血叔叔最终会否将一杯毒鸠作为叔侄重逢的祝酒递上来。

二、出亡之秘

靖难之役，建文帝火烧皇宫，大火过后又神秘消失。正史记载他自焚而亡，但野史说他并没有死，而是通过皇宫密道出逃了。

六百多年后，那本记载建帝文火中逃生的《让氏家谱》公之于世，自称建文后世子孙的让氏传人让庆光突然现身。让庆光坚信，自己的宗族非常传统，追从先祖，绝不会乱认祖宗，所以家谱所载俱是事实。他还向外界公布：先祖建文帝就葬在湖北洪山宝通寺，并有一幅墨宝遗世。

让庆光："坟地在寺的宝塔旁边，而且它的两边栽有树，一边有三棵，一边有两棵。宝塔旁边还有一个'玉龙沟'，这个沟在'文化大革命'中毁坏了。500多年前就把他埋葬下去了，再确切情况我们就不清楚了。"

要证实家谱所载内容必然要挖掘宝塔，找到遗世墨宝。但要实施如此浩大的工程，要动用国家之力，首先要得到历史学界的首肯。可《让氏家谱》能让史家认可吗？

商传："这个家谱的编修依据，是他家里中元节祭祖的烧包单，这个烧包单上有他的祖先们一代一代的名字。这样追溯上去，追到了让銮这一代，正好是相当于建文帝的时间。"

但是它编修得很晚，对于第一代祖先让銮的记载，有一部分还是当初的人从史书上采集下来的，因此，是不是就一定能够追溯到建文帝出亡，追溯到建文帝后人，从历史学者的角度来看，现在还不能下这个定论。

让氏后人试图让国家开掘宝通寺寻坟，最终未果，有关建文帝逃亡的说法也越来越多了。

"建文皇帝如果没有被烧死，到底到哪去了呢？有的人说到西南，包括现在云、贵、川，那边都有传说称建文皇帝到过，在某某寺庙当过和尚。"福建泉州海外交通史博物馆研究员刘志成，对建文帝遗踪这一历史谜案也十分关注。但他怀疑，西南行之说只是为保护建文帝而放出的烟雾，他认为，建文帝其实在往南走，一直走到泉州。说他去了西南，是他的随从故意声东击西、南辕北辙编出来的。

他的这一猜测来自泉州一位先学的著作《晚蚕集》中的一条记载。《晚蚕集》中指出泉州有一本《柯姓宗谱》，宗谱记载了建文皇帝被泉州一个柯姓人家收留。那是在明永乐年间，柯家有个祖公是江陵府的县尉，他收留了建文帝。后来遭殃了，被捉住，然后被腰斩。族谱里记载后来他家人去收尸，只收了一半。

如果柯姓祖公收留了建文帝，那么将建文帝隐匿在老家泉州也是情理当中的事。遗憾的是，《晚蚕集》中所说的《柯姓宗谱》已经无从考证。

眼看着一条线索就这样断了，刘志成所意想不到的新线索又出现了。在中国台湾学者陈水源写的《杰出航海家郑和》和日本学者上杉千年所著的《郑和下西洋》里，刘志成发现，里面竟然有建文帝曾到泉州开元寺当和尚的全新说法。书载：建文帝和随从打扮成僧人模样，沿着皇宫密道逃出，从南京溯江来到武昌罗汉寺，罗汉寺主持达玄和尚接待了他们。达玄是全国知名的高僧，门下弟子甚众，当中就包括了当时泉州开元寺主持念海和尚。达玄看过建文帝度牒后，赶紧联系念海，并安排建文帝等人前往。

刘志成："一般和尚都是超凡脱俗的，不管凡间事情。念海容留建文帝，一是因为转介者达玄颇有名望，与念海也有师徒关系；二是念海的前任主持是洪武帝朱元璋亲自任命的。有了这些关系，建文帝顺利来到了泉州开元寺，找到念海主持。"

历经多少朝代的更迭起落，福建泉州开元寺依然香火鼎盛。烟雾缭绕中，无数善男信女礼朝膜拜，他们虔诚地相信佛门圣地将洗却自己一身烦恼。可是600多年前的开元寺，是否也曾以平等神圣的胸怀，接纳过一位劫难在身的皇帝呢？念海主持会让自己的寺院惹祸上身吗？

宫中大火之后，朱棣比谁都清楚建文帝没有死。但活不见人，死不见尸，找不到建文帝令他如鲠在喉，心里踏实不下。登基之后，自然不会放过任何机会搜查建文帝行踪。既然已经宣布建文帝身死，搜寻工作只能秘密进行。刘志成说，朱棣的苦心在那两本书里都有记录。

朱棣探知建文帝逃到武昌罗汉寺后，立刻派了一个叫李挺的官员去追查。李挺到了罗汉寺，盘查得知：确有两个僧人来过，但他们已经启程往泉州方向。

这符合李挺的估计。建文帝由于身份特殊，易被察觉，必定不会在中原久留。李挺迅速赶往泉州。

泉州在宋元时期曾是世界第一大港，当时有好多外国学者、旅行家经过，然后走遍世界。在明朝这里仍是一个大港。

先说建文帝化装成和尚来到泉州，找开元寺主持念海，念海接待了他，让他在泉州逗留一段时间。可能觉察到风声太紧，后来念海安排他乘上泉州的阿拉伯船只，从泉州港往南再走。不料这却成了郑和下西洋的一个说法。

永乐三年，大明盛世，稳坐皇帝宝座的明成祖朱棣，酝酿了那个永载史册的壮举。他派遣郑和率领当时世界上规模最大的舰队，出使西洋，拓展海外贸易。从泉州海外交通史博物馆的馆藏中，依稀可见当年郑和舰队浩浩荡荡的气魄，200艘左右的船只载着将近两万的乘员，穿行在汹涌澎湃的大海上，旌旗猎猎，高帆蔽天。

人们在惊叹明成祖的雄心、郑和壮举的同时，也注意到这支队伍的特殊性：两万左右的乘员，95%以上是在役军人。这样一支以贸易为目的的队伍，为何却要武装得如此强悍？

《杰出航海家郑和》和《郑和下西洋》两本书如此这样解释这个谜题：建文皇帝出逃海外的消息不胫而走，李挺知道后立即汇报给明成祖。大权在握的明成祖决定不惜一切代价也要找到建文帝，于是命李挺和郑和一同下西洋，继续寻找据说流亡海外的建文帝（当然下西洋可能也带着几个目的，包括做贸易）。而为什么要派郑和这样一个宦官去呢？郑和是燕王府旧人，是功臣和宦官，身份可靠，且熟稔于宫廷，清楚皇帝家事内幕。明成祖将这个隐秘任务交给他，合乎情理。

刘志成："你想想，郑和下西洋的目的是什么？带了两万多官兵，走了7趟。没有去占领外国领土，带那么多部队干什么？就是害怕建文帝出逃到海外，有国家支持建文帝。"

根据这种看法，历史上为宣扬国威和扩展海上贸易的郑和下西洋，竟是成祖寻找建文帝的幌子。数万人在航海技术并不发达的时代，冒着生命危险穿越大西洋，却为寻找一个生死未卜、下落不明的建文皇帝，为了让朱棣睡上一个安稳觉！

刘志成得知，《杰出航海家郑和》中有关建文帝的记载，是从日本书籍《大航海》中获得的。为进一步寻找线索，博物馆同事李玉昆借去日本考查之机，又试图帮助刘志成寻访《大航海》的作者，却得到了一个意外的信息：那本书是一个叫半也郎的现代日本人写的，是部小说。小说是根据什么素材而写？搞不清楚，因为作者已经去世了。

以小说说法为据的论证，显然无法令人置信。郑和下西洋是为了寻找建文皇帝之说，失去了一个佐证。但不可思议的是《明史》中也有这样的说法，《明史·郑和传》中说："成祖疑惠帝亡海外，欲踪迹之，

▲ 福建南平发现的明朝郑和铜钟

且欲耀兵异域，示中国富强。永乐三年六月，命郑和及其侪王景弘等通使西洋。"

明朝遗民查继佐所著、成书于康熙年间的《罪惟录》中更有惊人的记载：郑和在福州雪峰寺碰到过建文帝，建文帝劝郑和造反，推翻明成祖政权。郑和跪拜建文帝，哭着说我不能这样做。但李玉昆说，有关于建文帝可能到过雪峰寺之说，福建师范大学历史系一位徐教授特意从文献上去寻找，然而找不到任何痕迹，又带学生去过几次雪峰寺实地调查，也仍未获任何建文帝经过的蛛丝马迹。

历史发展至今，多少遗证早已经湮没。郑和下西洋是否有寻找建文帝的隐蔽目的，郑和是否在福建与建文帝谋面，至今只是史学界的猜测而已。李玉昆说："我们搞历史的，要提出一个论点得要有证据。首先你要有史料证据，或者有文物证据。现在两种证据都没有，比较难有说服力。"

不说雪峰寺，就说传言缭绕的泉州开元寺。如果建文帝真到过，或许会在寺中寻到蛛丝马迹吗？

李悌仁老人多年来一直负责整理《开元寺志》，他听说有传言建文皇帝来过开元寺，又对开元寺的所有记载进行了一番梳理。他说："要说建文帝有没有来过开元寺，我们就要以正记为准。一般有一些方丈或名人来的话，都会留下一点碑迹和记载，而且《开元寺寺志》是在明朝中期修的，距离建文帝来寺时间不长，而寺志中又没有一点相关记载，因此可以肯定建文帝没有来过开元寺。"

对这一结果刘志成感到失望，但转念一想，建文帝是避难而来的，开元寺为了隐匿他要冒很大的风险，当然不敢正面记载啊！或许从与此事相关的其他人身上还能找到线索。史料记载，建文帝到达开元寺后是念海和尚接待他的。那么寺志中有没有关于念海的记载呢？仔细查阅《开元寺志》，没有，刘志成没有找到任何关于念海的记载。同时他也发现，开元寺从洪武三十一年到永乐十八年的这段历史竟是一段空白。

刘志成于是大胆猜测道："念海收留、藏匿了建文帝，还安排他坐上阿拉伯船从泉州港出逃海外，这件事情后来被李挺知道了，上报了朝廷，念海被抓去杀掉了。可能正因此，后来开元寺修志时就不敢把这段历史写进去，对念海主持这个重要角色也不加记载。"

缺失的记载丰富了人们的想象，但历史的真相又如何呢？继续深入查证，李悌仁终于找到了一个可以服众的史证：明永乐年间，东南沿海倭寇猖獗，明政府派遣大量禁军驻扎到泉州，开元寺成了明军的军营，寺中很多建筑都成了驻军的武器制造厂。如果建文帝逃到泉州，显然是自投罗网，不太可能，更谈不上进开元寺当和尚。

如果说建文帝出逃了，又不在开元寺，那么，他到底身在何方呢？是否躲避过了追杀呢？朱棣最终是否找到了建文帝？

三、归宿之秘

建文帝的下落成为明史的第一疑案。明成祖在进行一段时间的铁腕统治后，又力行宽政，建文帝的遭遇和下落格外引人好奇和谈论，在很多野史、戏剧中，他的命运被人们无尽地揣测和演绎。

有史料上说，流落民间的建文皇帝削发为僧，云游四方，晚年生活十分窘迫，并回归宫中。明史学家潘群提到一段记载，在正统年间的一个和尚庙里，有个老和尚承认说我就是建文，后来云南师州一个知府让他跪下，他没有跪下，而是就坐在地上，这是很不尊重的行为。可见他还有皇帝的遗风。

当地官员急忙将老和尚送往京城，朝廷派出曾经伺候过建文帝的老宦官吴亮前往辨认。吴亮仔细打量老和尚后表示并不认识他。老和尚说："你不记得那时候我扔一个东西给你吃，你跪在地上就吃吗？"

提到当年自己跪地吃皇上赏赐的东西这件事，吴亮记起当时他看到建文帝脚骨间有一颗黑痣。核对之后，吴亮吓得当即跪倒在地上大哭，回去后就上吊自杀了。后来建文帝被迎入宫内，老死于宫中，葬于西山。

故事传得这样有血有肉，而且多年蛰居和尚庙苟全性命，也完全合乎情理。可是，建文帝在庙里大张旗鼓亮身份，似乎又有些突兀，而且如果死后葬于西山，西山为何没有任何与此相关的蛛丝马迹呢？

上海《文汇报》记者徐作生的调查研究，则展示了另一片迥异的天地。徐作生始终对建文皇帝遗踪问题十分关注，从1983—1990年，他利用7年时间查阅大量史料和方志，发现了一条与建文遗踪有关的线索。

《明史》载，京城失陷时，建文帝带着几个心腹趁夜逃出南京城，又一路赶到离南京并不远的苏州。建文帝的主录僧溥洽和尚在此收留了他们，并把建文帝藏匿在他的普济寺里。可风声还是传到了明成祖朱棣的耳朵里，他立即把溥洽抓进监狱，逼他提供建文帝下落。

根据这条线索，徐作生多方打探，终于找到了史料中所说的普济寺，在苏州市吴中区地区的一个小村落——鼋山蒋东村。这个地方原来有座寺庙，不过叫作文化寺，如今一点旧迹都没有了，变成一个大型采石场。只有一些老人才知道这里曾经香火旺盛，这里究竟发生了什么事情，则一无所知了。

史料记载，被捕入狱的溥洽什么也没有招供，朱棣派大队人马在附近搜查，也不见建文帝踪影。建文帝到底去哪里了？是被溥洽深藏起来，还是被另外一个强有力的神秘人物接走并庇护起来？如果是后种情况，神秘人物又是谁呢？

这个神秘人物很可能是一个叫姚广孝的人。姚广孝是明成祖的心腹谋士，在辅佐成祖夺取王位后，他舍弃了成祖赐予他的功名利禄，毅然归隐禅寺，因此成祖对他非常敬重。

> **姚广孝**：元末明初政治家、高僧，法名道衍。他是明成祖朱棣自燕王时代起的谋士、靖难之役的主要策划者。成祖继位后，他还承担过太子、太孙的辅导讲读，以及主持《永乐大典》《明太祖实录》等书的修纂，人称"黑衣宰相"。

永乐十六年三月，年届84岁的姚广孝病势垂危，但他还特地拖着病体从苏州远赴北京，托人传信给成祖说有事相求。接到姚氏来信，成祖亲自来到姚氏下榻处，问他有什么请求，姚广孝说只有一事，请将溥洽放出来。成祖没有拒绝他这个最后的请求，当即叫人将溥洽放出来。姚广孝顿首谢恩后溘然长逝。

姚广孝为何在油尽灯枯的残年，向成祖请求释放一个藏匿了建文帝的和尚？姚广孝功成引退，剃度为僧，回了趟湘城老家，即今天的吴中区湘城。富贵还乡且衣锦"昼"行，自然满怀荣耀，春风得意，他走访故旧，沿途散发钱财，广济周边灾民。可是他发现，家乡人迎接他的不是笑脸，而是指责唾骂，甚至连姐姐都不认他。为什么呢？他姐姐道出缘由：你这个和尚多管闲事，朱家皇帝的家事，你去插手干什么，帮他去打江山，死了多少人呢，你不是一个好和尚！姐姐不认他，他最后也没办法，后来只好又离开家乡。

湘城人讲述的这段故事，让徐作生对姚广孝有了更深一层的了解。姚氏虽曾为成祖谋位，功高卓著，但他毕竟有恻隐之心，也渴望家乡父老对他的认同和接受。他会不会因为负疚感和乡亲压力而私藏建文帝？他临死前请求成祖释放溥洽，是否还隐藏着某种更重大的赎罪动因？徐作生认为，姚广孝的心灵受到震动以后，有可能把建文帝藏在成祖赏赐给他的福地之内，成祖能答应他释放建文帝主录僧溥洽，说明姚广孝的分量，他应该也能庇护一个已经没有复国之能的建文帝。

另外，《明史·胡濙传》记载：永乐五年，溥洽藏匿建文帝一事败露后，成祖即遣胡濙乔装打扮，暗查建文帝藏身之处。胡濙的这次秘密行动一共用了十多年，直到永乐二十一年的一个夜晚，胡濙回来了。已经就寝的成祖得知消息，立即起身接见，两人一谈就是一夜。

胡濙与成祖交谈了什么？两人为何要谈到三更半夜？难道建文帝已经有了下落？这是历史留给后人的另一段曲笔了。

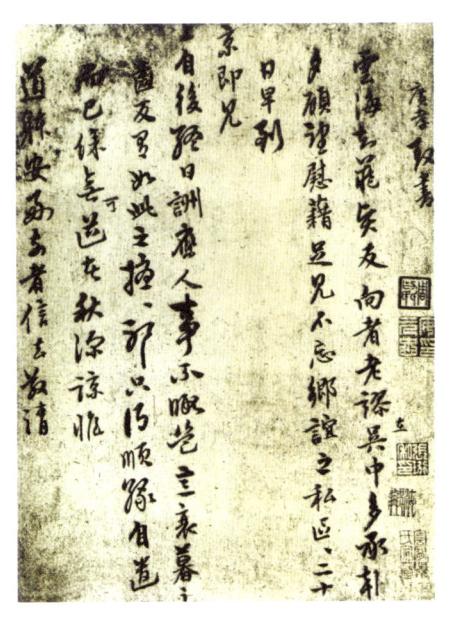

▲ 明朝姚广孝《向者帖》

▲ 姚广孝

阅读大量史料之后，徐作生又四处寻访。他在苏州市吴中区又发现了一条重要线索，那就是明、清《苏州府志》和《吴县志》上所说的"积翠庵，一名皇驾庵。"明建文帝逊国时曾移驾于此。

徐作生作为有心之人，隐隐感到这个记载非同小可。于是他亲赴书中记载的穹隆山皇驾庵，并调查山脚下一处无人知其主的皇坟，希望通过对当地人和景物的寻查，能得到一些突破性的线索。

到达穹隆山之后，当地村民向他透露了一个多年前该皇坟的神秘现象：1957年吴中大旱，村民发现，这个皇坟周围的树木仍然郁郁葱葱，因为那块区域是原始森林，除了这皇坟的小山包，其他地方全部光秃秃了。徐作生推断，皇坟里面肯定是空的，坟上的草木不接触土地，才会那么容易旱死。那么，这个空坟包里，究竟藏有些什么呢？

徐作生走访了守陵人陆家，陆家随着陆老汉的过世，都已迁到了山下的新房，只有老伴偶尔还回老房子看看。虽为守陵人，陆家也不知道这个陵墓的主人是谁，但陆家从皇坟附近挖出并收藏过一些东西，或可作为线索。

这些东西现在被移到离陆家老屋很远的地方，包括一些石鼓墩，当时是拓荒拓出来的。陆老太回忆说，家里种山芋时，挖到两米多深，掘出4只石鼓墩，现在只剩下两只，另外两只不知被什么人弄到什么地方去了。

徐作生还在陆家院子里看到两座雕龙柱础，心里顿时涌起一阵激动。这些石鼓还不是在地面找到的近代物品，而是在地下将近3米处挖到的古物。古时能如此享受龙的规格的，若非天子绝无旁人。这样看来，这个皇驾庵埋葬的人必定非同小可，其中必定大有文章。

可是到底有什么隐秘？徐作生不敢妄加推断。他知道，调查真相的路是漫长而艰辛的。从那之后，穹隆山里就多了他这个四处寻访的外乡人。

就在他对这里的一草一木了然于心的时候,一个意外发现终于出现在他眼前。他从当地一位老人口中得知,一块建文帝遗留下来的刻碑就在穹隆山脚下的一个村子里。在村民的帮助下,徐作生顺利地找到了那块石碑。碑在猪圈里,后被人移到一条小河边去了,上面刻着两行字:皇驾庵明建文帝逊国于此。

"建文帝逊国于此",同《苏州府志》中的那段记载不谋而合,建文皇帝难道真的于此避难吗?如果建文帝当年从南京城出逃,躲在离南京不远的苏州是极有可能的。再加上明成祖朱棣后来迁都北京,建文帝在苏州的山林中就更加安全了,隐蔽下去完全可行。

如今距离徐作生第一次见到石碑的1983年,已经相去20余年。石碑成为当地村妇的捣衣石,历经岁月的无数次摩挲,字迹已经模糊不清了。

就在那块已无法复原的石碑旁,徐作生又发现了另一块石碑,村民曾告诉他,这块写有"宝藏"字样的石碑,曾引发过一起与建文帝有关的凶残命案:当时穹隆山上住着一群尼姑。民国三十二年闹土匪,一天夜里一群土匪冲进来,抓住一个叫觉性的尼姑,威逼她交出建文帝的藏宝。觉性说我没发现什么宝贝,不信你们到寺内来搜吧。结果土匪恼羞成怒,把她吊在树上活活刺死。

土匪哪里来的消息说这里有宝?穹隆山的传说称山中有宝,而且宝藏是一个皇帝带来的。种种异象似乎也都在暗示着这个藏宝奥秘,但无人能解宝藏藏在何处。

查阅大量史料和方志,徐作生又有了惊人的发现:穹隆,正是当年明成祖分封给姚广孝的佛门禁地!很可能姚氏协助了溥洽,将建文藏在穹隆山上!姚广孝在其著作《逃虚子集》中也记述,他曾经救过一个五马贵人等。天子是用五马的,姚氏暗指的是不是建文帝?徐作生说,现在姑且把它作为一个问号放在这里。

永乐十六年,也就是姚广孝逝世那年,聪明的明成祖应该意识到姚广孝临终请求的真实用意,暗示他放过建文帝。姚广孝知道,如果自己一死,穹隆山就失去戒备保密的能力，不能再作为建文帝的安全屏障，所以只好冒死请求成祖了。

果然，姚广孝一死，密探胡濙就在穹隆山发现了建文帝的踪迹，并向成祖报告。但成祖为何没有对建文帝采取行动呢？徐作生认为，朱棣此时已经有了16年的帝业根基，不需要如此恐慌这个手无寸铁的皇侄，最主要的原因就是如果要捉拿他，必然要兴师动众包围穹隆山，这就等于向国人宣告建文帝并没有死，也就等于说成祖当初所称的建文帝阖宫自焚，只是一种骗人的谎言。而且，朱棣起兵志在江山，并非仇恨侄儿，更不愿意背负杀侄恶名，也许建文帝没死反而更有利于自己政权的需要。所以当密探找到建文帝，明成祖选择了就这样继续沉默下去，将建文帝的秘密幽禁了起来。

永乐二十一年，心力交瘁的建文皇帝终于走到了生命的尽头。一直紧密监视其行踪的胡濙赶紧赴京奏报成祖。这也正与《明史》所载相吻合，史载，明成祖直到临死前一年（建文帝去世这一年），才对建文帝一案放下心来，宣布不再追治建文奸党，而且稍稍给还田产，政策放松。明成祖在位22年，就被建文帝遗踪搅扰了21年，还有几个月成祖自己也将去世了。山河锦绣如画，英雄竞相折腰，成祖的苦心孤诣权当作此解吧！

有了这样的分析，徐作生推断建文帝出京后一直躲避在穹隆山中，死后被葬在皇驾庵后的小山包里。当然这样的推断尚缺乏实证，有太多的主观臆测，很多人不敢轻信。徐自己也强调，还不能把这当作事实。

长江东逝，落日漠漠。春来秋往，帝王泪垂。

毕竟随着岁月的流淌，多少事情已经湮没在久远的过去。

历史在考察它真相的人们眼中始终是恍然一现，转而又悄然隐退，试图解开疑团的人们似乎终究要徒劳一场。建文皇帝的下落究竟如何？真相或许早已随着600多年前南京宫廷那场熊熊燃烧的大火，消散在灰烬中了。

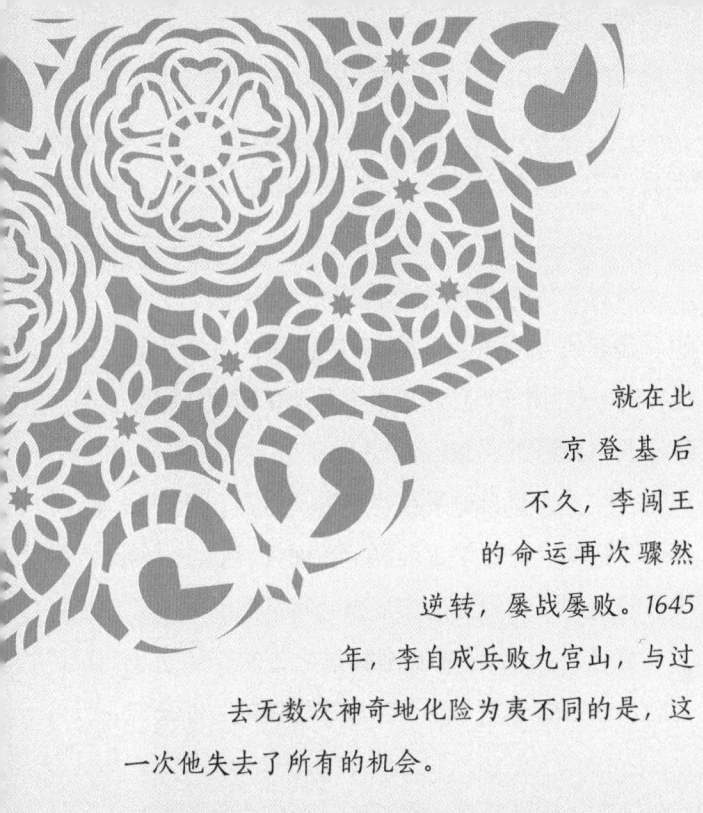

就在北京登基后不久,李闯王的命运再次骤然逆转,屡战屡败。1645年,李自成兵败九宫山,与过去无数次神奇地化险为夷不同的是,这一次他失去了所有的机会。

九宫山: 湖北省道教圣地。位于省境东南通山县南部,处鄂、赣边界湖北一侧,属幕阜山脉中段。北东—南西走向,主要由花岗岩构成。主峰海拔1543米,山体总面积约60平方千米。森林面积40平方千米。有一山三洞三峰六石十崖等天然胜迹等。南北朝时依山建宫殿9座。宋道士张道清在此建道院,被敕封"钦天瑞庆宫"。元、明、清又多次受敕封,至清乾嘉时达于鼎盛,为中国五大道场之一。

李自成谜案

一、李自成结局的历史记载

遍览明清两朝官方历史文献以及诸多私家著述,大都对李自成的人生结局作过记载:兵败九宫山,最终被当地乡勇围困,死于乱军之中。

童恩翼,湖北大学历史文化学院教授,对中国明清的历史做过极为深入的研究。李自成最终的下落结局,强烈地吸引了他的好奇心,在几年的时间里,他曾无数次亲赴九宫山实地考察,在考证之后他对当年的情况作了如下的推测……

1645年5月,湖北省通山县九宫山。

在清军铁骑的围追堵截之下,李自成一路南撤,逢战必败,溃不成军。这一天,李自成逃至湖北九宫山,与前来追杀的英亲王阿济格再次激战。

> 阿济格（1605—1651）：清太祖努尔哈赤第十二子。以军功授贝勒、武英郡王，后封和硕英亲王。地位仅次于四大贝勒。以靖远大将军自边外入陕、川，切断李自成后路，屡败李自成。后因自恃功高，要求封叔王，被摄政王多尔衮拒绝。多尔衮死后，他企图摄政，被削爵幽禁赐死。

童恩翼认为九宫山之战应该说是两战，关键的一战是在清朝军队穷追李自成到九宫山下打的，这一仗中间李自成基本上是全军覆没，这个时候李自成只带了20来个人突围。

一路上，李自成又被当地乡勇截击，随行部从四散逃逸，他也单人匹马落荒而去。然而，险峻、陌生的九宫山让逃亡变得异常茫然而艰险。

童恩翼："李自成刚刚翻过牛迹岭，到达小月山，由于势单力孤，李自成在朱寨的外面被当地的乡勇包围，被杀身亡。"

今天位于湖北省通山县九宫山境内的闯王陵，据考证，李自成当年就是逃到这里后落难被杀的。

然而，事情并非如此简单，童恩翼在《清世祖实录》第19卷中却发现了一段记录，这同样也被其他很多专家、学者注意到。正是这段记载，将李自成生命中的最后一段历史变得扑朔迷离；李自成的最终命运，也将因此充满变数。

当年负责一路追剿大顺军的英亲王阿济格，在九宫山之战后曾马上上奏清廷称：李自成逃跑后被九宫山当地乡民包围，无法脱身，最终上吊自杀。

▲ 赫赫有名的闯王陵

▲ 闯王陵全景

刘重日，中国社会科学院历史研究所研究员，中国明史学会名誉会长。在对《阿济格奏报》的研究过程中，他发现了其中一个最关键的疑点，这个疑点确实无法回避。

刘重日："阿济格第一次的奏报，他主要的意思是指贼人已灭了，军队也被打垮了。那就是说已经消灭李自成了。所以他的奏报到了北京之后，

▲ 九宫山

清朝廷非常高兴，他（清廷）打的旗号就好像是为明朝报仇来了，来剿贼来了，因此清廷很重视。这当然是大功了，朝廷很高兴，就祭祖了：我们得胜了，把李自成消灭了。哪知后来得到的消息（阿济格的第二次奏报）说，李自成没有死，贼兵还有很多。所以清廷就下了一个口谕，谴责阿济格，说他欺骗朝廷。"

作为直接追剿李自成的前线最高指挥官，竟在一个月的时间里做出两种截然相反的结论，而第二个结论更是石破天惊：李自成竟然没有死在九宫山！

王戎笙，中国社会科学院历史研究所研究员，中国清史学会会长。根据清宫档案和历史记载的深入研究，王戎笙发现，阿济格并没有掌握真正李自成已死的确凿证据。

由于李自成是被当地乡勇所杀，地点在深山之中，清军又不在现场。因此，在奏报朝廷李自成被杀后，为慎重起见，阿济格还是专门安排认识李自成的人前去辨认尸体，结果却是大大出乎意料……

▲ 令人尴尬的结果

王戎笙："他说是认尸，辨认的尸体却是'尸朽莫辨'，就是尸体已经腐朽了，弄不清到底是不是李自成。结果又有了阿济格的第二次奏报，第二次奏报就说得更含糊了，更不清楚了，因为找不到尸首啊。说李自成死了，你又找不到尸首，就是找不到证据啊！"

验尸的结果竟然是因腐烂而无法辨认！这是一个令人尴尬的结果，它的不确定性不仅可能改变李自成的最后命运，就连其他当事人也将遭逢命运的突变。

阿济格的第二份奏报到达北京后，摄政王多尔衮在震怒之下，对他的谎报军情进行了严厉的训斥：先前你说李自成被杀死了，但是现在又说他逃跑了，你怎么能这样欺骗朝廷呢！

> **多尔衮**（1612—1650）：清太祖努尔哈赤第十四子。皇太极之弟。因征服朝鲜和察哈尔部，晋封为和硕睿亲王。协助皇太极取得松山、锦州之战的胜利。1643年，皇太极暴卒，其幼子福临继位，多尔衮参与辅政。先后遣军镇压李自成农民起义军，灭亡弘光、隆武等南明政权。

因此，胜利班师还朝后的阿济格不仅没有得到封赏，还因为"欺诳罪"由亲王降为郡王，罚银五千两。但是事情并未就此结束，阿济格自己也不会想到，此后他的人生会继续因为李自成而跌宕起伏，最后竟至天翻地覆。

王戎笙："虽然阿济格受到了处罚，但很快他就平反了。多尔衮把他降为郡王后不久又恢复他为亲王，甚至于到多尔衮临死的时候，把他当作最亲信的人。"

阿济格的再度升迁似乎是清廷为他的"欺诳罪"翻了案，透露出清廷可能最后还是相信李自成被杀了。但是到了乾隆四十三年正月，一道谕旨却彻底改变了阿济格家族的命运，谕旨重点提到阿济格"往追流贼、诳报已死"。

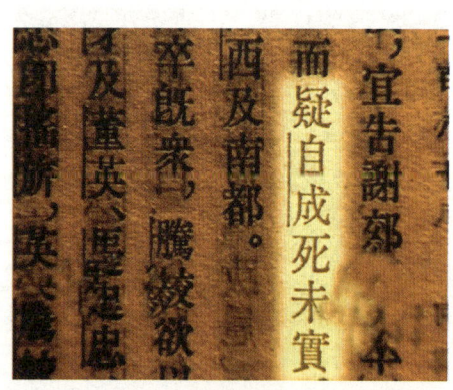
▲ 南明政府怀疑李自成未死

刘重日："有人说给阿济格翻案

了，但是有乾隆的批谕证明了没有翻案，而且连阿济格的子孙都被削去了爵位，成为庶民了。乾隆的批示里指出第一你是欺骗朝廷，说李自成已经被灭了。另外，后来你打仗的时候，你还在地方搜刮民财。虽然说你有一点点功，但是功不抵过，所以子孙削了爵是咎由自取。"

此后，清廷中谁也没有再为阿济格翻案，也许这才是清廷对李自成下落的最终态度。那么，历史的真相究竟是怎样的呢？

有关李自成的最终结局，除去清史中的相关记载之外，还有当时偏安江南的南明朝廷。对他们而言，任何人都可以忘记，唯有李自成，这个让他们国破家亡的人是永远不能忘记的，这一次事件的主角则换成了南明湖广总督何腾蛟。

王戎笙："何腾蛟也有一个向南明政府的奏报，这个奏报说李自成已经死了。何腾蛟的主要消息来源是：和南明联合抗清的一部分将领他们讲的，说李自成已经死了，而且据说是满营痛哭。"

《明史·何腾蛟传》对当时的情况作了这样的描述：南明皇帝大喜，立刻封何腾蛟为东阁大学士兼兵部尚书，仍统领军队。然而，暗地里却怀疑李自成没有死，原因就是何腾蛟的调查结果也与阿济格一致。

> **何腾蛟**（1592—1649）：南明抗清将领。初因镇压农民起义有功，累迁兵部主事，进员外郎。南明弘光政权建立后加兵部右侍郎，兼抚湖南。1645年清军入南京，弘光朝覆灭。李自成死后，大顺军与何腾蛟部"联合恢剿"清军。后被清军俘虏，不屈被杀。著有《明中湘王何腾蛟集》一卷。
>
> **大学士**：官名，自唐始置。明朝建立了内阁作为处理文牍的机关。内阁大学士位虽尊，但只能遵旨办事，"不得平章国事"。明中叶后，内阁大学士多由六部长官兼任，始有"宰辅"之称。清乾隆始，大学士专以三殿（保和、文华、武英）三阁（文渊、体仁、东阁）入衔，满汉各两人。

二、东台寺钟铭和碑文考证

1985年3月，湖北省通山县组织了一次文物普查行动，任务是在可能的范围内寻找文物线索，并无明确的目标。按照事先掌握的情况，他们即将抵达的是一处早已毁坏的寺庙遗址。

湖北通山文化体育局文物管理股股长范国干："上午我们赶到当时的杨林公社，经过和乡镇干部的了解，和我们找一些老农、当地有一些知识的人了解之后。我们得知，距杨林公社15千米外有一座非常古老的庙宇叫东台寺。我们觉得这一个地方我们不应该放弃，尽管听说它非常古老，也可能早已成为一片废墟。"

> **崇祯皇帝：** 即明思宗朱由检（1611—1644），明朝末代皇帝。在位17年，他力图振作，先后起用袁崇焕、孙承宗等督守辽东，又以洪承畴、孙传庭、杨嗣昌等镇压农民起义。崇祯十七年三月十九日，李自成领导的大顺军攻克北京，自缢煤山（今景山），明王朝灭亡。

然而，这一次例行的普查工作却让队员们有了意外的发现，这个发现则可能成为李自成结局考证工作的重要证据。

范国干："首先我们发现那是一个挺不错的地方，树木竹子都长得非常好，它是一个适合建设庙宇的地方。但是一看到这个庙宇，却到处都是残墙断壁，杂草丛生。后来我们好像发现了一个铁钟的顶部，露在砖石碎瓦堆的上面。我就雇了两个民工，花了30元，让他们帮我们掏出来。"

在挖出铁钟之后，范国干开始查看并摘录铁钟上的铭文，突然间几个字印入他的眼帘。

范国干："当摘录到崇祯十七年'闯贼据庵、僧溃无遗、庵又衰也'的时候，我的心动了一下，我感到这似乎有些格外有用的价值。"

根据经验，有人提出在寺庙里一定还会有功德碑。再次寻找之后，结果与预期是一致的。

▲ 摩阿逸多碑

范国干："当时庙里也有另外的两块碑，但是好像与李自成的进山没有任何关系，纯属是功德性的。接着我们又把其他的颜色质地，就是表面上也像石碑的几块石头，五六块吧，把它们拼起来一看，它们也是一块碑，这块碑叫摩阿逸多碑。我们就接着读这块碑的碑文,果然在这块碑的第2行还是第3行,也有'崇祯之末、毒遭闯踞'的这一段文字的记载。"

事实上,大顺军进驻通山境内是早有记载的。在康熙版的《通山县志》中就记录了"顺治二年五月初四,闯贼数万入县,毁戮四境"的情形,这一点应该是毫无疑义的。尽管东台寺钟铭和碑文的发现从侧面证实大顺军部队确实曾经到过九宫山。但是,是否就此可以断定李自成一定就在其中呢?

刘重日对此并不乐观:"闯贼不是李自成的专有名词,就是说,李自成的任何部下的一股军队,一个将领,在一般的记载里,都可以叫作闯贼。你怎么能说闯贼两个字就是李自成呢?"

三、马镫的求证

这是一只粗看起来并不起眼的马镫。经专家鉴定,它是明末清初的文物,如今它被收藏于湖北省通山县境内的九宫山李自成纪念馆里。当年土改时,它从九宫山大屋场一个地主家的墙壁里被挖了出来,据说曾是这家的祖传之物。

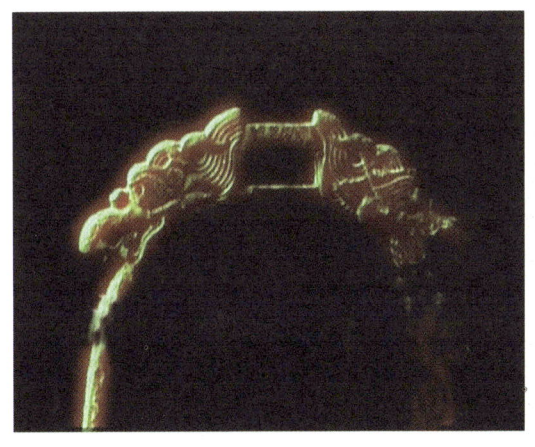
▲ 龙头马镫

▲ 鎏金马镫(1955年发现)

《九宫山志》：志始于明隆庆二年 (1568)，纂修者为崇阳王近伟。清顺治八年 (1651)，江夏胡希周应山上道士之邀重修。清乾隆三十二年，武昌殷必玲据顺治胡志三修山志。以上三志，今均亡佚。今之《山志》，是清朝晚期湖北学者崇阳傅燮鼎于光绪六年 (1880) 续修。

其实，关于这只马镫的渊源可以在《九宫山志》中找到记载。

清道光年间，九宫山牛迹岭。

这是极其普通的一天，山坡上，一户村民正在自家的田里锄地。忽然，他的锄头碰到了什么，很硬，于是他小心翼翼挖了下去。随后，他把挖出来的东西除掉泥土，原来是两只已经锈蚀的马镫。此时，恰好一个肩挑货担、游走四方的江北货郎胡某打此经过。当他看到马镫上端的雕刻时，这个见多识广的货郎禁不住心头狂喜，但他立刻让自己平静下来。

几番讨价还价之后，胡某花了很多钱才把马镫买了下来。回到家后，他慢慢地进行洗刷，看到了黄金的颜色。他又继续再刷下去，两个字慢慢浮现在他的眼前，原来是"永昌"二字。

崇祯十七年正月，闯王李自成自号顺王，定国号为"大顺"，年号叫作"永昌"。那么，这个刻有"永昌"字样的马镫也许和李自成有着某种关系，或许它就是李自成生前曾经用过的。在马镫的上端，赫然雕铸着两只龙头。这在当年，绝不是普通百姓可以使用的，也不是一般的朝廷官员可以使用。

▲ 皇家专利的龙形标志

龙形标志在封建社会是皇家的专利，也就是说这个马镫，应该只有皇帝才可以使用。"永昌"的字样，还有龙形雕饰，种种事实表明这只马镫极有可能就是李自成的遗物。

而今，纪念馆中收藏的这只马镫，与《九宫山志》中的记载极为相似。如果这只马镫真的是李自成的御用物品，那就证明李自成一定来到过这里,他被杀于九宫山也就有了极大的可能性。

然而,谜底似乎并未由此揭开。现在纪念馆只见到其中的这只马镫,虽然有龙头形态,却并没有"永昌"字样,而那关键的另一只迄今不知下落。仅仅凭借现在这只无字的马镫,显然缺乏充分的说服力。

四、历史记载混乱的原因

据不完全统计,明清两朝记载李自成的史料多达几十种,统观这些历史文献,一种奇怪的现象让人百思不得其解,专家们发现,在很多关键事实的记载上,竟然会有那么多的差异。

刘重日:"据我统计,李自成被打死的时间起码有四五种说法。而记载的死法,我大概初步统计了有七八种:有的说

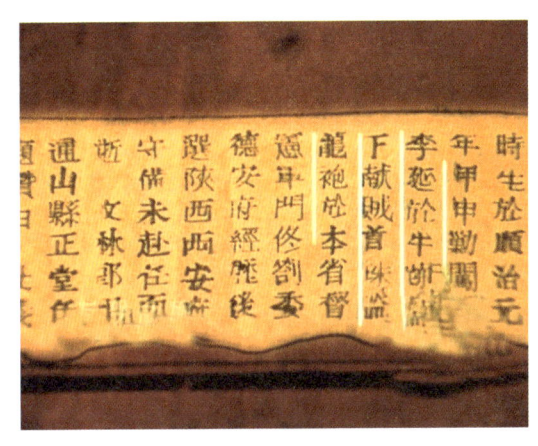

▲ 宗祠文献的记载

打死的;有的说自刎的;有的说到庙里去碰死了;有的说是天谴,就是说神灭了他;还有的说是自缢的……"

王戎笙:"为什么会出现这种情况?有一个很重要的原因就在于一个社会动荡的时候,民间的知情欲望很强烈。想知道到底怎么样了?谁打赢了?谁打输了?当这个知情的欲望很强烈的时候,就不乏有很多揣测之词、猜测之言。"

在《明史》的记载中,李自成兵败九宫山,被当地乡民程九伯杀死。这个程九伯又是怎样一个人呢?

在九宫山大屋场,我们找到了这间古屋,据说这里就是几百年来程九伯家族所属的宗族祠堂。

在《程氏宗谱》中,我们找到了一个叫作程安思的人,他就是为后世熟知的程九伯。在对他的记载中写道:"顺治元年甲申剿闯贼李延于牛迹岭下"。并且,程九伯把首级、珠盔、龙袍献给了清廷委任的湖广总督佟军门。按理说,任何人都不会放过这个报功领赏的机会,然而,程九伯的反应却有些奇怪。

刘重日:"事情查得很紧,县官着急了,就跑到牛迹岭,小月山那里去。打死闯贼的不是程九伯吗?就跟程九伯说,你们打死的这个人就是李自成,有赏!可是这个布告很早就贴出去了,但程九伯一直没有敢去领赏。你想为什么,因为他打死的,金印、龙袍都是写的李延,所谓冒功啊,你是要被杀头的,所以在那个时候,程九伯不敢去。"

然而,在《程氏宗谱》明确记载了程九伯将死者的首级、珠盔和龙袍这些重要的物证已经全部交到佟军门的手里,而在阿济格的奏报中也提到当时乡勇曾缴获金印一颗,那么,为什么还是无法证实死者的身份呢?

刘重日:"这不正是证明那金印上写的不是李自成,所以他不敢交吗?所以那金印、龙袍、珠冠都没了——那只好掩藏起来了,所以最后丢失了。如果是李自成的,把这金印往上一交,不就证实了吗?哪里还有这几百年的争论?什么李延、李自成的,大家在这里你说东我说西呢?因为那些证物本身就证明不是李自成的。"

《通山县志》中的记载为:"九伯聚众杀贼首于小源口";而《程氏宗谱》却是这样记载的:"剿闯贼李延于牛迹岭下"。没有一个地方明确指出,程九伯的确杀死了李自成,而只是说杀死了李延。那么李延又究竟是谁?李延和李自成又可能是什么关系?他们会不会是同一个人呢?

然而,在查阅了《米脂县志》《延安府志》等李自成家乡的史料后,发现记载李自成乳名和名字说法有很多,却唯独没有延字。

刘重日:"那绝对不会是同一个人的。在这里有好几个证明,一个就按基本的中国人的常识:李自成侄子的名字里,都必须有走字底,那李自成怎么还能用?他起任何名字都不可能和他的侄辈采用一样的,对不对?那就证明李延就是他的侄子辈的，所以他李自成不可能叫李延。因此就有人附会说李炎，天气炎热的炎字。那都是传说，其实都是李延传说的附会，而不是李自成传说的附会。"

迷雾再一次笼罩着九宫山，如果李自成兵败之时，并没有被杀于此，他又可能前往何处？那个曾经威名赫赫的李闯王，又有怎样的传奇结局呢？

五、夹山寺奉天大和尚墓葬

1645年，在清朝铁骑的围追堵截之下，李自成一路南撤，武昌之战后便下落不明。虽然正史、野史中有众多李自成兵败九宫山被乡勇所杀的记录，但是既没有铁证如山的物证，史料间的推断又矛盾重重，生死之迷雾锁九宫山。李自成到底生死如何，下落何方呢？

1981年元月，湖南省石门县。当地的考古工作者在湖南石门夹山寺大路西坡偶然发现了一座古墓，但是挖开之后，墓葬的形制却让他们感到迷惑不解。

湖南石门博物馆馆长龙西斌是湘西著名的考古专家。他从一开始就加入到这项挖掘考察工作当中。

龙西斌："这种葬俗很少发现，究竟是一个人还是几个人，当时都弄不清楚，但是根据墓葬的形制，它是一个完整的体系。"

此后，出土的碑刻再一次引起龙西斌的注意，这是一块名为《中兴夹山祖庭弘律奉天大和尚塔铭》的石碑，通过碑文，他们第一次获知了墓主人的身份。

龙西斌："第一，这个和尚是顺治九年来到夹山的；第二，他的弟子门徒有数千众，他不是一般的和尚。"

一墓三穴的墓葬形制仍在困扰着工作组。在继续挖掘清理的过程中，考古人员又在中间墓穴发现了一只白底青花瓷坛。瓷坛做工细腻，釉面竟然装饰有麒麟和凤凰的图案。这种情况，的确让他们有一点意外。

▲ 做工细腻的瓷坛

龙西斌："当后来把它打开之后，一看里面是些骨骸。塔铭中有记载，是舍利子数百枚。但事实上真正的舍利子没有发现，就只是骨骸。"

根据这只青花瓷坛，考古专家龙西斌模糊地感觉到，这个法号奉天的和尚，绝不是一个普普通通的和尚。

龙西斌："这种瓷器发现比较少，还没有发现过这种麒麟和凤凰的图案，所以我们认为这件瓷器，并非一般和尚所用。我们在夹山寺掘墓葬的时候，发现其他几个和尚都是用普普通通的瓦罐。而像这样精美的瓷器，我们还没有发现。特别是麒麟和凤凰的图案纹饰清晰，应该是一个有等级的和尚才可以享用的。"

众所周知，出家人坐化后一般是用龛和塔来安置遗体和骨骸，这位和尚却违背僧规，按照俗礼下葬，而葬俗又与本地葬俗迥然不同。与此同时，压在青花瓷坛上的符号奇特的方砖到底有什么含义也同样让专家们摸不着头脑。一系列奇怪的现象，让专家们不由得对这位神秘的墓主人产生浓厚的兴趣。

▲ 壮观的寺庙

在奉天和尚所在的夹山寺原来的大雄宝殿"大悲殿"正门东西两侧墙壁中，考古人员分别发现了用白泥封藏了很久的两块石碑。通过这两块石碑，研究小组获得了更多关于奉天和尚的信息。

镶嵌在大雄宝殿正门东侧墙壁中的是《重兴夹山灵泉禅院功德碑》，因立于康熙四十四年，故又被称为"康熙碑"。碑文系奉天大和尚死后30年的追记。碑文写道：因明朝末年的战火，这里几乎成了废墟。因为奉天老人从四川来到这里，恐怕这里就此没落，于是在这里住了下来。几年之后，夹山寺就蔚为壮观了。

藏于大雄宝殿正面西侧墙中的则是《重修夹山灵泉寺碑志》，因立于清道光年间，又被称为"道光碑"。碑文这样记载：顺治初年，有个叫奉天的和尚来到这里，招收了很多徒弟，寺庙的衰败得以彻底改观。

▲ 大悲殿

1992年9月，在重修夹山寺大悲殿的时候，维修工人在大殿中部地基里突然又发现了一个刻着"敕印"二字的石龟。

龙西斌："'敕'是皇帝专用的一个名词。那么这个敕印应该是皇帝专用的。敕印可以作为道家的法器，但这个敕印放在这里是干什么用的呢？我们也作了一些推断和考证。"

根据鉴定，这个石龟也是明末清初的东西。查阅夹山寺历史的记载，当时唯有奉天玉大和尚德高望重，门下有弟子门徒数千之众。看来，这个石龟只有奉天玉和尚才能领受。一个和尚竟然运用了皇帝的做法，代表皇权的敕印却埋在大雄宝殿的中央，这个和尚的身份的确不可轻视了。

> **敕**：自上命下之词，特指皇帝的诏书。顾炎武《金石文字记》："皆曰敕……至南北朝以下，则此字惟朝廷专之。"圣旨是皇帝任命有功官员，授予爵位、名号颁发或问罪官吏等重要文书。据史载，明清皇帝敕封外藩、覃恩，封赠六品以下官，及世爵有袭次者，曰敕命。

龙西斌："敕印放在殿堂中间，第一，它是作为修建这个殿堂之用，奠基之物；第二，它显示一个等级和身份。会让后人意识到奉天玉和尚是个什么人。"

六、李自成出家

1994年2月,石门附近的一个农民在挖菜窖时偶然挖到一块铜牌,上面写着"奉天玉诏"四个字。经过鉴定,这块铜牌同样是明末清初的,而它显然应该是奉天玉和尚使用的物品。

众所周知,"诏"历来是皇帝专用,奉天玉和尚用"诏"就绝对不是一件简单的事情了。如此浓重的皇权色彩竟然集中在奉天玉这样一个和尚身上,这绝对不会是一个普通的和尚。

> **汪乔年**(?—1642):明天启二年(1622)进士。此后,以治行卓异,升为登、莱(州)兵备副使、陕西按察使。十四年,提升为右佥都御史,巡抚陕西。时李自成已破河南,三边总督傅宗龙战殁项城,诏汪为兵部右侍郎,总督三边军务。次年二月,被李自成部擒杀。

诸多的谜团让龙西斌一筹莫展,无法理出头绪。1984年9月,龙西斌去陕北米脂县开会,却无意间了解到闯王李自成的一段历史,这次经历将使他对奉天玉和尚的研究取得突破性的进展。

龙西斌:"当时明朝认为李自成是犯上作乱,与他祖父有关系。于是陕西总督汪乔年就派陕西米脂的边大绥去掘李自成祖父的墓。有一个塘报名叫李成,他和当时埋葬李自成父亲的人,说李自成祖父的墓、父亲的墓是三个穴。所以后来我们认定,这个一墓三穴是埋一个人的,这也是陕北米脂的风俗。"

> **圹符碑**:由王戎笙主持完成的"李自成结局问题"研究课题组曾组织有关宗教专家进行考证,夹山寺的《圹符碑》实际上系明朝道符。类似石门的"圹符",在许多地方都有发现,而且在李自成出生前就已经有了。将《圹符碑》解读为"闯王陵"系明显误读。

与此同时,奉天玉骨灰坛上的方砖也找到了相应的解释。

龙西斌:"也就是圹符碑,这个圹符碑有一副对联:'身披北斗,头戴三台;寿山水远,石朽人来。'陕西米脂县给我们提供了另外一个资料,就是陕北的人死了之后,男砖女瓦,男的就用砖,女的就用瓦。那么,这个福禄砖也是陕北的习俗。"

种种迹象表明,奉天玉和尚极有可能就是闯王李自成。崇祯十六年,李自成在起义过程中，曾经自称"奉天倡义大元帅"，与奉天法号相合；此外，敕印、"奉天玉诏"铜牌均属皇帝专用，暗合李自成大顺皇帝的身份；另外，奉天玉墓葬违背僧规却以陕北民俗埋葬，而李自成的家乡就在陕北米脂县。也许李自成并没有死在九宫山，而是出家为僧了。

▲ 陕北民俗埋葬的方法

其实，关于李自成禅隐的说法古已有之，最早见于《澧州志林》的记载，是乾隆时任澧州知府的何璘《书〈李自成传〉后》中提及的。何璘在书中说，有一个姓孙的老先生对他说，实际上李自成是跑到了湖南的石门出家了。于是何璘就向很多本地的老人询问，听他们说李自成就是从湖北公安来到湖南夹山当和尚的，现在他的坟还在那里。

充满好奇心的何璘于是专门来到夹山寺，寺中一位70多岁的老和尚还记得夹山寺过去的事情，告诉他奉天玉和尚是顺治初年入寺的，当时没有说自己从哪里来，但他的声音像是西北的人。

此后，又有一个自号"野拂"的和尚来到这里，自称是奉天玉的徒弟，对待奉天玉毕恭毕敬的。当何璘看到寺中珍藏的奉天玉遗像时，深深感觉到，奉天玉和尚的画像与《明史》中记载的李自成是何其相似。

1981年秋，文物考古工作者在与夹山相邻的慈利县发现了野拂大和尚墓。墓碑上明文写道，老禅师出身行伍，出生在明朝，清朝去世。曾经"战吴王于桂州，追李闯于澧水"。

龙西斌："'战吴王于桂州，追李闯于澧水'中，吴王指的是吴三桂，追是指追随李闯王来到澧水。另外，我们在张家界，原来的大庸，也就是原来的永定，有一个天门山。天门山有座庙，就是野拂大和尚在那里建的。《永定县乡土志》是怎么记载的呢？野拂为闯贼之余党，从石门夹山寺'飞锡来兹、实繁有徒、丛林大举'。讲得很清楚了，野拂就是李自成麾下的一个部将。"

七、陆续考证

那个时候，石门县根据《澧州志林》的历史记载，已经开始寻找和搜集与李自成相关的各种线索。既然奉天玉可能就是李自成，夹山寺当然就是重点。果然，就在龙西斌和他的考察队在寺里的大悲殿进行考察的时候，一件意外的事情发生了。

龙西斌："（考察队的）炊事员急急忙忙地跑到我们那里去，跟我们说：'小龙，小龙，下面木板有字。'我就急匆匆地跑去。"

在路上，炊事员告诉龙西斌有字的木刻板是维修工人们从大殿西墙上的一个洞里发现的，但是因为没有人注意到，大部分都拿到食堂当作劈柴烧掉了。

当龙西斌再赶到食堂时，他已经无力回天了。

大量的木刻板已经被烧掉了，但是最后抢救下来仅剩的几块不算完整的木刻板仍然让专家们惊喜不已。

回到博物馆后，龙西斌和他的同事立刻开始对这几块木刻板进行了仔细的研究，结果是他们从来没有预料到的。原来他们发现的，就是后来被证实为奉天玉和尚《梅花百韵诗》残版和野拂和尚的一本撰述残版，这个发现让他们感到异常的兴奋。

龙西斌："譬如有一首《马上梅》：'金鞍玉镫马如龙，来去风花雪月，（后面一个字脱落了），满堂春色暖融融。'——和尚搞金鞍玉镫干什么呢？还有一首叫《东阁梅》：'东阁阁东头，徐听三公话政猷，煮茶当酒唤同流。'三公是太师、太傅、太保，皇帝手下的三个参谋。说是要在这里谈政治、谈军事、谈经济、谈文化，怎么能在这个地方与三公谈呢？所以这个梅花诗的发现，更加证明了前人夹山的考证并非虚妄。"

然而，不只是《梅花百韵诗》透漏了李自成禅隐夹山的信息，野拂和尚的撰述残版中也反映出同样的信息。

龙西斌："'皇帝圣躬万岁万岁，尧帝之仁中宫皇，再愿满朝文武功'，这是野拂和尚撰写的。那么他称奉天玉为皇帝，然后在夹山再愿满朝文武功；夹山已经作为奉天玉的殿堂而登极了。这样的一个地方（佛堂），却是讲的这个（登极），这与佛教是不相关的。"

在随后的几年中，夹山附近的石门县、临澧县、澧县等地又相继发现了"永昌通宝"铜币和铸有"西安·王"字样的铜质马铃以及刻有"永昌"字样的折扇扇骨。这些东西的面世也从另外一个侧面印证了李自成的禅隐。

龙西斌："这些当然对我们佐证奉天玉是不是李自成，有一定的用处。它们提供了一种实物的证据，说明了大顺军就是围绕着夹山这个地方，以夹山为中心，围绕着这个地方仍然准备东山再起。"

让人惊异的还有另外一个事实：临澧的蒋家有许多传世的文物，包括香炉、酒杯、玉雕等很多珍贵的玉器，经鉴定均为明末清初的器物。这些工艺超群、价值连城的宝物集中在夹山这片山区被发现，不能不让人怀疑它的来路。相传蒋家原本姓李，为躲避清廷的追杀，才改姓蒋，当代著名作家丁玲，即为临澧蒋氏一脉，她曾说自己就是李自成的后人。

龙西斌："这些也只有李自成才能带过来，而其他蒋家没有人在外面做大官，怎么能得到手中呢？"

越来越多的信息显示：奉天玉和尚极有可能就是叱咤一时的闯王李自成。如果真是这样的话，李自成为什么要选择禅隐？为什么会有那么多兵败九宫山被杀的传闻？这其中又隐藏着什么不为人知的苦衷呢？

八、李自成为何禅隐夹山

面对无法抗衡的清朝八旗兵，早在大顺军从北京撤退之时，李自成就有了希望能与南明联合抗清的想法。但由于自己是朱明王朝的死敌，南明朝廷以"报君父仇""联清讨贼"为举国大纲，所以李自成的想法一直无法实现。

▲ 夹山古寺

当他遭遇了武昌战役的失败、面对大顺军生死存亡的紧要关头，如何决断已经是刻不容缓的事情了。

刘重日："根据现在的综合分析，我就认为在武昌，恐怕有些谋士就给他出主意，让他隐退，而且让部下去联络南明，跟南明谈判、合作。只有这两股势力结合，才可能在当时的力量对比中跟清朝有力量敌对。"

也许是李自成的确采纳了谋士的意见，选择隐退。在这样一个生死存亡的关键时刻，怎样才会是一个最为稳妥的退身之策呢？李自成选择了出家，这在当时也许确实是一种明智之举，而另一个原因似乎和李自成幼年的经历也有一定的关系。

龙西斌："李自成小时候，从6岁到10岁，出家四年，当和尚，曾命名为黄来僧。所以有一些佛学研究者认为这也是还原，还历史的本来面貌，还他的本来面貌。他与佛有缘，从小出家，到最终老了之后，又出家，该被认为是他的一个缘分，与佛学的缘分。"

李自成最终出家为僧，出家的地点选在了湖南夹山寺，这个地方也是他经过深思熟虑后选择的。

龙西斌："当时夹山是三不管：一是清朝管不了；二是南明王朝管不了；

三是，石门是土家族地区，是湘西的门户，土家族也管不了。而且这个地理位置很重要：它进可攻，往洞庭平原、洞庭湖、江汉平原进；退可守，可向湘西北退，就是这样的一种战略地位。那么根据调查所获，李自成的大部队到达澧州、松兹、公安一带。当地有这么几个点：一个是洛浦寺，那里山峰比较高；再就是夹山寺；另外就是武陵山；再就是天门山。这四个点往湘西，都是每一个特区的制高点。"

李自成很有可能在武昌战役之后，就暗中隐遁出家，此外，李自成特意安排了一个和自己极像的亲随在九宫山被杀，让他的消失变得更加合理逼真。而李自成本人，径直从武昌南下来到了夹山。

李自成表面上看破红尘，心中也许依旧倒海翻江。

在夹山禅隐后，李自成仍然胸怀天下，密切关注着时局的发展，与大顺军余部经常保持着联系，继续在幕后指挥着他的部队联明抗清，"奉天玉诏"铜牌则成为最直接的证据。

龙西斌："奉天玉和尚确有其人，但奉天玉诏就更加证明了，奉天承运的这个皇帝就是奉天玉大和尚。既然奉天玉发行了这个诏，那奉天玉和尚就等于李自成了。"

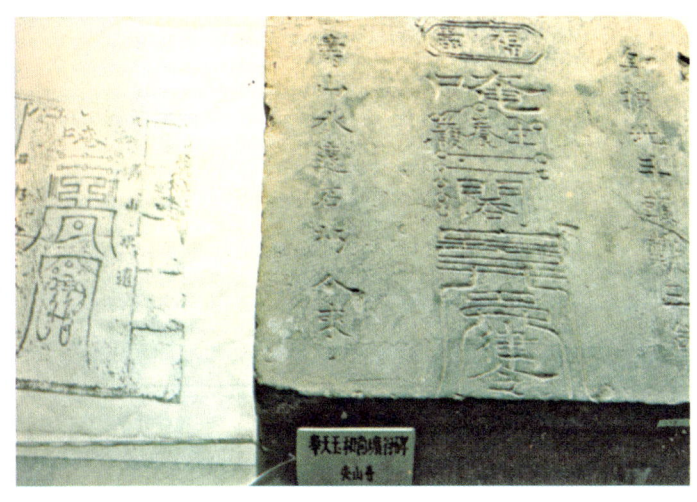

▲ 奉天玉和尚圹碑符

刘重日："他是通过玉诏秘密地节制部下。譬如你是我的部下，还有好多部下，如果我有什么大的决策，或者你们要报告什么，我要传达什么意见的话，就拿这个诏。这就跟春秋战国一直到汉朝的那个虎符一样，有了这个你才能信他。"

九、"禅隐说"无法自圆其说之处

就在这一切看似水到渠成的推论背后，却又将面临诸多无法解释的疑点，首先就是关于奉天玉和尚从何处抵达夹山以及抵达的时间。

王戎笙："李自成说是从四川到湖广来的，但李自成他没有这个经历，他一生当中没有从四川到湖广的经历。那自然不是李自成了。另外一个说是李自成顺治九年到的夹山，可是在顺治二年的5月历史上就没有李自成的记载了，没有他的踪影，那么二年到九年之间他到哪里去了？"

在奉天玉夹山出家的历史中，他与当地官员的交往极为密切，而这显然与他的身份有些不符。

王戎笙："从奉天玉和尚和当地官员的关系来看的话，那正好说明他不是李自成。为什么呢？因为当地的官员和他来来往往很密切。这个李自成的相貌特征是非常明显，陕北口音，40岁多一点，一只眼睛瞎了，这样的相貌特征官员们就没有警觉性吗？那不可能。"

而奉天玉和尚的名号与当时的传统避讳也有矛盾，这同样让人产生怀疑。

王戎笙："因为奉天玉他有法号，法号叫明玉。这个明玉不合理。因为李自成的祖先有一个明字，应该避祖讳。在当时那个时代，祖讳是绝不可以犯的，要犯讳的话那就是不孝。"

作为反映奉天玉和尚身份的"奉天玉诏"铜牌，仔细想过后，这个直接证据却又似乎嫌疑最大。

王戎笙："奉天玉是一个公开的身份，在当地和官员的关系都很好，甚至修复夹山寺的时候，当地官员还捐了钱。来来往往关系很好，关系很好的人下面还有个诏,就不怕暴露?"

特别重要的是,如果李自成果真退隐出家暗中指挥大顺军余部继续作战的话,必然是调度有方,行动统一,事实却并非如此。

王戎笙:"从他的余部来看,很混乱:有降清的,有降明的,降明又降清的,降清又降明的,或者在降清降明之间徘徊不定的。从这种局面来看的话,那李自成肯定是不在了,李自成要在的话绝不会出现这种局面。"

李自成失去下落后,闯王余部几经徘徊,终于走上了联明抗清的道路。康熙元年,清军开始大举围剿,李自成的亲属故旧、宿将老卒最终被清军一网打尽。

"覆巢之下,焉有完卵"?此刻,隐遁夹山的李自成难道不会暴露行迹吗?而依据奉天玉和尚墓志铭,奉天玉和尚在此后十多年才寿终正寝。

那么,奉天玉和尚究竟是否就是隐遁出家的李自成?史学界最终没有定论,所有的研究推理终久只是一种猜测。如果当年的李自成没有身死九宫山,也没有选择出家为僧,那么关于他最终的命运结局,又有谁能真正知晓呢?

父亲塔克世对于这个家中长子的出生并没有表现出更多的欢喜。此时东北女真的各个部落正处在权力争夺与部族仇怨的混战和激荡之中。

传奇努尔哈赤

一、起兵

此时，朱元璋创建的大明王朝已经走过了一百九十一年。明世宗朱厚熜统治这个庞大的帝国已有三十八年。这位嘉靖皇帝一方面沉湎于酒色，任意挥霍着手中不受限制的权力，一方面对道教的神仙老道之术表现出极度的崇信。他长期服用那些装神弄玄的道士给他炼制的丹药，意图实现长生不老的梦想。这些丹药严重地损坏了这位君王的身体。在这位身体越来越坏，脾气也越来越坏的君王的统治下，整个帝国陷入了衰败。官吏们贪污腐败，老百姓民不聊生，国家军备废弛。大明帝国的天空已经是一幅夕阳晚照的景象。

生活在中国东北的女真人由来已久。最早他们被称作肃慎，宋朝以后叫女真。经过几代人的不断整合、迁徙，他们就像冬天的大雪一样覆盖了北至黑龙江南到辽河流域的广大地区。明朝时期，东北的女真分为建州、海西和

女真： 中国古代生活于东北地区的古老民族，6—7世纪称"黑水靺鞨"，9世纪起始更名为女真，皇太极时期颁布谕旨改女真族号为满洲。

野人三个分支，每一分支下面又有许多的部落。由于环境闭塞、自然条件恶劣加上落后的生产技术，女真人长期处在以渔猎为主的奴隶社会阶段，被中原王朝视为野蛮部落。

努尔哈赤的家庭虽然算得上是建州女真的一个贵族之家，但也只拥有不多的财产和少量的奴仆。和部落里其他人家一样，他们家的房子也是用泥和草搭建的，不同的是面积要比其他人家大了很多。屋子里砌了三面相连的火炕，被女真人称为呼兰的烟囱则矗立在屋外。冬天来临的时候，这占了房屋大半面积的火炕成为他们睡觉和其他诸多活动的场所。

女真族崇尚勇武，刀弓骑射仿佛是他们与生俱来的本领。努尔哈赤跟其他女真儿童一样，从童年起便手持木弓柳箭，接受了祖父和父亲的严格训练。努尔哈赤后来被人津津乐道的骑射本领就是在这个时期打下的基础。史书记载，努尔哈赤青年时期曾在一个叫洞城的地方与当地的射箭能手钮翁金比试射柳。结果，百步之外，钮翁金五箭中三，而且所中之箭上下相错。努尔哈赤五箭皆中，并且箭头基本集中在一个点上。

努尔哈赤十岁的时候，开始过早地品尝到了命运的苦涩和严峻。母亲因病去世。父亲新娶的女人对他并不亲热，甚至是十分刻薄。对于那段生活，清史中是这样记载的："宣皇后崩，继妃纳拉氏抚育寡恩"。

在继母的冷眼下，少年时期的努尔哈赤不得不开始承担起家庭劳动。他和伙伴们一起进入到莽莽林海采集山货。每月两次，努尔哈赤带着山货前往抚顺关马市交易。马市是明王朝专门为女真人划定的交易场所，相当于现在的集市。对于努尔哈赤来说，马市是一个万花筒般的世界，三教九流、

▲ 永乐皇帝朱棣

形形色色的人都聚集在这里。在这里，努尔哈赤对中国的社会、纷繁的世相有了初步的了解。少年时期的磨难和经历使努尔哈赤表现出与一般孩子不同的见识阅历和老练成熟。

开创了明朝恢宏发展的永乐皇帝朱棣是一位从侄子手中夺取皇位的家族叛逆。他曾经长期分封在北方的燕京，对于东北的山川地理和风俗民情有着很深的了解。从永乐元年开始，朱棣在东北地区设置卫所管理散居东北各地的女真部落。对于这些桀骜不驯的少数民族，明朝采取了"以夷制夷"策略。朝廷把有实力的部落首领封为卫所的负责人并赋予一定的特权，使他们可以凭借明朝官员的资格名正言顺地管理自己的部众。于是这些受封的酋长，就成为为明朝皇帝尽忠效劳的臣仆，任何侵害明朝边境、危害地方安宁和不服差遣的行为都将被视为谋反叛逆，将受到朝廷的严厉制裁。

有籍可查的努尔哈赤的先祖猛哥帖木就曾经在永乐三年进京接受了朱棣的敕谕被授予建州卫指挥使的职位。不过由于家道的衰落，努尔哈赤的祖父觉昌安和父亲塔克世没能继承建州女真的任何官方职位。他们只不过是建州女真几十个部落中一个小部落的酋长而已。

觉昌安并非一个听天由命、才具平凡的庸碌之辈。一直以来他都在力图重振祖业。在弱肉强食的部落纷争中，善于观望风色的觉昌安选择依附于建州女真最有势力的酋长王杲。他不仅把长子礼敦的女儿嫁给了王杲的儿子阿台，而且娶了阿台的女儿为塔克世的妻子。因此，王杲实际上是努尔哈赤的曾外祖父。不过这种双重联姻并没有它表面上看起来那么牢不可破。变幻的时局、利益的冲突以及生死的抉择都可能轻易地击碎它。

▲ 努尔哈赤的祖父觉昌安

王杲是一个狡黠干练、敢作敢为且不计后果的传奇式人物。他能讲一口流利的汉、蒙古和女真三种语言。王杲心黑手辣、有勇有谋，很快就征服了周边的小部落，在今天辽宁省新宾县东南的古勒山上建起了坚固的城池并得到了朝廷的正式任命。

中国人民大学清史研究所教授张研介绍："王杲出任的是建州左卫指挥使，在隆庆末升为都督，俗称阿古都督，而且非常有钱。他有五百道敕书，兵强将广，曾经九合诸酋、九次的会盟，有点像春秋五霸也是会盟他的诸酋，然后号令建州三卫各部。"

继母的冷眼和父亲的冷淡使努尔哈赤在家中得不到应有的欢乐。他带着弟弟舒尔哈齐经常来到古勒寨，寄住在曾外祖父家中。王杲的精明勇武，工于心计和富于韬略对努尔哈赤产生了极大的影响。他希望自己日后也能够成为像曾外祖父那样威震一方、叱咤风云的人。

对于王杲的强势发展，明王朝默许并容忍了下来，他们只希望王杲能替朝廷看管好这块土地。然而，自持兵强马壮的王杲并不买朝廷的账。他经常指使他的军队越过边界掠夺财物，甚至公然和明朝的军队发生对抗，杀死多名明朝的边将。剽悍好乱的王杲显然轻视了明廷震怒的后果。

1570 年，以勇猛善战闻名的李成梁出任辽东总兵官。这是一位在北方纷乱不断的边境冲突战斗中浴血拼杀出来的武将，曾大败侵犯边境的十万蒙古骑兵，与当时南方打击倭寇而闻名的戚继光并称"南戚北李"。李成梁上任以后，对辽东的女真诸部采取了强悍的铁血手段。他的第一个打击目标就对准了桀骜不驯、屡屡在边境滋事的王杲。

1574 年，李成梁亲率六万大军讨伐王杲。重兵压城之际，看似牢不可破的婚姻联盟迅速崩溃。觉昌安毫不犹豫地背弃亲家投到了李成梁的麾下，为明军进攻王杲提供情报、充当向导。这是一场没有悬念的战斗。虽然王杲凭险据守，但是一番血战之后，古勒山寨还是被明军攻破。全寨一千多男女老幼被残忍杀害。狡猾的王杲虽然逃出了山寨，但仅隔一年，试图东山再起的他再次由于女真人的出卖被明军抓获，押解到北京以后在午门外被凌迟处死。

▲ 女真人

古勒山寨城破之时，努尔哈赤恰巧在曾外祖父家暂住。在古勒山硝烟未尽的废墟之上，十五岁的努尔哈赤成为李成梁的俘虏。李成梁把这个略显黑瘦、面带倔强之色的少年收到帐下，当了一名小卒。

李成梁的军帐不仅培养了努尔哈赤的军事才能，也培养了两人之间极为特殊的关系。这一关系为日后努尔哈赤的崛起打下了基础。

中国人民大学清史研究所教授张研介绍："历史记载他对李成梁甚恭，非常的恭敬，谊同父子，每战必先登屡立功。"

努尔哈赤在李成梁帐下大约待了三年。关于他的离去有着诸多的说法。民间和野史的传闻记载更是充满了传奇色彩。最为离奇的莫过于他和李成梁的小妾互生情愫。他无意中暴露出脚心有七颗黑痣，这是日后要当天子的特征，正是皇帝严令缉捕的对象，于是不得不连夜出走。

此时，努尔哈赤大约十八九岁的年纪。多年的历练使努尔哈赤成长为一个行为果敢、心思周密的青年。途中路经叶赫部，当时的叶赫贝勒扬吉努对已显露锋芒的努尔哈赤很是器重。不仅馈赠马匹、甲胄，还把小女儿孟古许配给他。

中国人民大学清史研究所教授张研介绍："他说我有两个女儿，等到小女儿长大之后咱们就结亲，扬吉努提亲正中努尔哈赤下怀，因为当时需要联合，但是他觉得那小女儿年龄尚小，干脆把大女儿直接嫁给他不就行了吗。扬吉努说不行，说他这个小女儿特别好，一定要给她嫁一个要适合于她的，所以让努尔哈赤必须等，扬吉努说不是难舍大女，而是因为努尔哈赤是个难得的人才，一定要他的小女儿才配得上。"

带着这段漫长的婚约努尔哈赤回到建州左卫的家乡。不久，奉父母之命努尔哈赤迎娶了第一个妻子佟佳氏。婚后不久，父亲塔克世和继母纳拉氏就让他分家另过。

▲ 波罗蜜山城

抚顺新宾满族研究所研究员赵维和介绍："按照实录记载，只给了努尔哈赤少量的阿哈和财产，虽然没有翔实的数量记载，但是，可以说是微乎其微，促使努尔哈赤和自己的胞弟择地另居。"

离赫图阿拉城东北五千米，苏子河在这里拐了一个大弯。在岸边的后山上有一座山城，叫波罗蜜山城。分居另过的努尔哈赤在这里开始了他的独立生活。为了维持生计努尔哈赤重操旧业，深入深山挖人参、采山货，赶赴马市进行交易。

史书记载，此时的努尔哈赤龙颜凤目、伟躯大耳、天表玉立、声若洪钟、仪度威重、举止非常。虽然这是后世修史的溢美之词，但童年的冷遇、兵火的洗礼和多年的风霜的确已经把这个女真青年锻造为心肠坚硬、意志顽强、行事精明老辣的老江湖。也许是出于对儿子的刮目相看，塔克世曾经主动提出要再多给他一些家产，但努尔哈赤没有接受。

平静的生活就像波罗蜜山城下静静流淌的溪流，然而平静之下，努尔哈赤的心中却翻腾着波澜。此时建州女真的各个部落为了牛羊、粮食、土地和人口正卷入自相残杀的漩涡。无穷无尽的构怨、仇杀、焚掠、抢夺，肆虐着这片土地。先祖的荣光、曾外祖父的惨死、部族的明争暗斗，所有这一切，

▲ 图伦城主尼堪外兰

让努尔哈赤常常徘徊于山城之上，夜不能寐。导致他人生命运发生急遽转折的突变发生在几年之后。

王杲死后七年，他的儿子阿台据守古勒寨继续与明朝为敌。1583年，李成梁以图伦城主尼堪外兰为向导，再次率兵攻打古勒寨。努尔哈赤的祖父觉昌安和父亲塔克世也随军而行。阿台的殊死抵抗使明军围攻数日不克。凭着与阿台的姻亲关系，觉昌安和儿子塔克世进入寨中试图劝降。结果，劝降不成，两人反被困在寨中。城破之后，明军进行了报复性的大屠杀。觉昌安和塔克世也在混乱中被明军所杀。

父祖蒙难的噩耗传来，努尔哈赤捶胸顿足，悲痛欲绝。尤其让他不能接受的是，一向为明朝效力的父祖居然死于明军的刀剑之下。愤怒的他向明朝边官发出了诘问。自知理亏的明廷除了一再解释这是误杀之外，还向努尔哈赤做出了赔偿。他们给了努尔哈赤三十道敕书、三十匹马并授予他建州都督的名号。

父祖之死使重振祖业的重任和希望陡然落到了努尔哈赤身上。建州都督虽然只是一个虚职，却使努尔哈赤名正言顺地成为部族的首领。然而下一步该怎么走，努尔哈赤颇为踌躇。向明朝寻仇，显然无异于以卵击石，自取灭亡。忍气吞声，有仇不报，又必将受到族人的嘲笑和轻视。在两难之境下，努尔哈赤找到了一条中间道路，他把矛头指向了出卖女真、想借明军之力扩大势力并图谋吞并自己的图伦城主尼堪外兰。

于是，努尔哈赤再次向边关提出了要求。他说杀我祖父和父亲的人，是尼堪外兰唆使的，你们只有把他交给我，这件事才算了结。但是，自以为思虑周全的努尔哈赤严重低估了明朝边将骄横跋扈、蔑视女真的心态。他们岂能容忍籍籍无名的努尔哈赤得寸进尺、纠缠不休。明朝边将不仅严词拒绝了努尔哈赤的要求，指责他是在无理取闹。而且声言要扶持尼堪外兰做国主掌管整个建州。努尔哈赤弄巧成拙、引火上身，反而把自己逼上了险境。

尼堪外兰本身并没有多大实力，在女真人中名声也很不好。但由于他一心一意讨好明朝，甘做朝廷的鹰犬，因此得到了明廷的赏识。尤其是明廷扶持尼堪外兰做国主的放言使他的威望势力剧增，许多小部落见风转舵，争相归附于他。努尔哈赤的叔伯弟兄，唯恐努尔哈赤的举动殃及家族，甚至立誓要杀害努尔哈赤，归附尼堪外兰。

明朝边将的恼怒、部众的叛离、族人的变心使努尔哈赤陷入孤弱危急的险恶境地。父祖惨死的悲痛还未消除，忽然之间努尔哈赤发现自己正面临着生死存亡的抉择。是屈膝依附于尼堪外兰，还是为了生存和尊严冒死反击？努尔哈赤面临着人生最严峻的选择。

1583年，也就是万历十一年的五月，努尔哈赤带领三十几名部众，在强敌威逼、强弱悬殊的恶劣形势下，以父祖遗留的十三副铠甲毅然起兵，征讨尼堪外兰。

努尔哈赤起兵之时，建州女真的各个部落因世仇及利益争夺而引发的血腥战乱正愈演愈烈。此时的建州三卫实际上已经演变为苏克素浒河、浑河、哲陈等部。各部落又分为若干个小部落。这些部族之间称王争雄、互相攻掠，甚至骨肉相残。努尔哈赤的起兵只是在这群互相争斗的恶狼中又多了一个参战者而已。谁能够活到最后，依靠的是血腥的暴力、狡黠的智慧和顽强的意志力。

现实给了努尔哈赤一个颇为凄冷的童年，上天却不经意间安排给他一个出色的头脑。努尔哈赤巧妙利用部落间的矛盾，把一些不满尼堪外兰的人拉到自己一边，组建起了一支不满百人的队伍。1583年5月，努尔哈赤在祭天之后，向尼堪外兰的住地图伦城发动了进攻。这是努尔哈赤统一建州女真的第一仗。外强中干的尼堪外兰得知消息后，带着妻子仓皇逃走。努尔哈赤攻

▲ 被誉为精忠大勋的柱国太师张居正

占图伦城。从此，努尔哈赤采取顺者以德服、逆者以兵临，征抚并用的策略，拉开了统一建州女真各部战争的帷幕。

努尔哈赤的愤然起兵和军事行动在建州各部引起了剧烈震荡。对于努尔哈赤的复仇之举，没有支援和同情，反而从一开始就遭到了内部的反对和破坏。他成为各个部落甚至同族人的众矢所指。他们在努尔哈赤居住的波罗密山城上制造了一起又一起谋杀和暗算。在充满杀机的夜色中，机智、警觉和上天的眷顾才使这位大清王朝的开创者一次次大难不死、化险为夷。

1584年，明朝发生了一件震动朝野，也对日后国家走向产生深远影响的大事件。被誉为精忠大勋的柱国太师张居正在死后两年被万历皇帝剖棺挫尸，宣罪于天下。张居正当政之时在国家治理、边疆军备上曾有一套行之有效的政策。然而，随着对他的秋后算账，张居正当政时的措施几乎被废除。自此，明朝国势日非一日，江河日下。

在明朝日渐衰落的同时，努尔哈赤却在不断的征战中扩张着自己的势力。起兵后的第二年，冒着纷飞的大雪，努尔哈赤凿冰为蹬攻取了兆佳城。城主理岱向努尔哈赤归降。

半年后，努尔哈赤率兵攻打马尔墩三座城寨。他亲自冒着如雨的飞箭和石块冲锋在前。强攻不下后，努尔哈赤夜间率兵从悬崖攀缘而上，智取了马尔墩。在这两场战斗中，努尔哈赤已经展现出他灵活机智、多谋善断的军事才华。战争犹如一只有力的重锤，把努尔哈赤本来已经十分精明的头脑锻造得更加精确。

起兵之初，努尔哈赤兵少将寡，但他唯一不缺的就是勇气和智慧。每逢战斗，他总是身先士卒，冲锋在前，以无畏的气概和拼死的作风赢得了部将的爱戴。在一次攻城的战斗中，努尔哈赤率先登城。激战中，他被射成重伤。城破以后，射伤努尔哈赤的两名弓箭手被俘。众将要对这两人施以乱箭穿胸的酷刑。努尔哈赤却说"两军交战，他们为了他们的主人射我，如果能为我用，难道就不能为了我把箭射向敌人吗？像这样勇敢的人，如果死在战场上，我都会感到非常的惋惜，怎么可以因为射伤了我就把他们杀死呢？"努尔哈赤不仅没杀他们而且提拔这两人做了部队的头目。努尔哈赤的举动，不仅使他的部众为他的胸襟所折服，更在外界树立起了宽容爱才的声誉，不少女真勇士都慕名来投靠。

起兵的第三年，已经积蓄了一定实力的努尔哈赤带着复仇的怒火再次把军队开到了尼堪外兰的驻地。城被攻陷后，尼堪外兰因外出而侥幸脱逃。走投无路的他跑到边关请求明军的保护。

尼堪外兰怯懦无能的表现让本欲扶持他的明廷大失所望。当努尔哈赤向明军索要尼堪外兰时，明朝边官决定抛弃这个烫手的山芋。于是，他们派人告诉努尔哈赤，尼堪外兰就在边关，不过我不能替你抓他，你可以自己派人来。于是努尔哈赤派部将斋萨到边关当场斩杀了尼堪外兰。

中国社会科学院民族研究所研究员滕绍箴介绍："尼堪外兰没有站脚的地方也失去了故众，尼堪外兰成了孤家寡人没什么用了，明朝要再保护他也不会再恢复他的地位了，因为努尔哈赤已经崛起了，所以明朝边关将计就计，只好认了，就等于承认了努尔哈赤的势力存在，尼堪外兰只好作为礼品送给努尔哈赤。"

努尔哈赤的精明强悍和迅速崛起使明朝意识到，这个年轻的女真首领也许能够替他们管理和维护好建州这块混乱不堪的地方。于是在像扔裹脚布一样把尼堪外兰抛弃之后，明朝主动向努尔哈赤示好，每年赐给努尔哈赤白银八百两，蟒缎十五匹。起兵三年之后，努尔哈赤终于凭借实力赢得了明廷的认可。

复仇的火焰暂时熄灭了,然而,为报仇而发起的战争并没有结束。此时努尔哈赤的目标早已超越了私仇的范围。在他心中已经有了一个更大的野心。

二、称王

位于今天辽宁省新宾县南 30 千米的佛阿拉城是努尔哈赤的第一座都城。整座城池坐落在烟筒山下的山岗上。它的东、南、西三面是崖壁,仅西北一面向外展开,建有两个进出山城的城门。佛阿拉城分为三重,第一重为栅城,以木栅栏围筑城垣。栅城内是努尔哈赤行使权利和日常生活起居的地方。城中有神殿、楼宇、衙门等建筑。第二重为内城,建有木石结构的围墙。内城主要由努尔哈赤的家族近亲居住。第三重为外城,周长约 5 千米,城墙高大结实,城门上设有敌楼。在这里努尔哈赤正式称自己为王,尊号淑勒贝勒。淑勒是满语,汉语是聪睿的意思。

城建好了,尊号也有了,接下来,努尔哈赤正式迎娶了曾定下婚约的叶赫贝勒扬吉努的女儿孟古。他吹吹打打,衣锦凯歌。对于努尔哈赤来说,他并不缺少女人,但是他对孟古情有独钟。这不仅是因为孟古相貌出众,更重要的是孟古的贤淑和聪慧。

迁居佛阿拉后,努尔哈赤又先后并取了哲陈、完颜等部。1589 年,在经

▲ 佛阿拉城还原图

▲ 佛阿拉城遗址

过五年的浴血奋战之后，努尔哈赤重新整合了建州女真的本部。"环满洲而居者，皆为削平，国势日盛"。

明朝政府并不希望看到任何一个女真部落过分强大。为了避免成为被打击的对象，努尔哈赤在发展壮大的同时，一直牢记着曾外祖父王杲惨死的教训，用表面上的谦卑和恭顺迷惑了明朝地方官员。

中国社会科学院历史研究所研究员周远廉介绍："在这一点上他比其他人都高明，他不抢明朝的老百姓，不止不抢，而且把别人抢走的东西再送回明朝，女真酋长像他这样做的还没有，所以建州女真酋长没有能像他这样的。"

努尔哈赤还不失时机地与自己的老上级李成梁重新建立起密切的关系。他不仅把大量的财宝送到他的府上，还把自己的侄女嫁给李成梁的儿子李如柏为妾。因此，当努尔哈赤屡屡兴兵用武的时候，李成梁的宽容放纵也就不难理解了。蓟辽都督和辽东巡抚也都向朝廷建议说，努尔哈赤是建州女真实力最强的人物，只要能笼络住他，就可以保证整个建州女真对朝廷的忠顺。1589 年 9 月，明廷正式晋封努尔哈赤为建州左卫都督佥事。于是，努尔哈赤名正言顺地成为建州女真最高的行政长官。这一年，努尔哈赤三十岁，正当而立之年。

自从起兵以来，努尔哈赤一面装出对朝廷的顺服和忠诚，向明朝称臣纳贡，一面在统一女真的道路上策马奔驰。正当努尔哈赤在佛阿拉城筹划着更大目标的时候，一个千载难逢的历史机遇出现了。

1592 年，日本关白也就是宰相丰臣秀吉派十五万军队从釜山登陆进攻朝鲜。短短数日之内，日军接连攻克首尔、平壤。在灭国亡种的危急时刻，朝鲜国王向明朝求援。作为宗主国的明王朝，对此当然不能坐视不管，毅然决定发兵入朝抗倭。努尔哈赤敏锐地感到，这是向朝廷表现忠心的绝好机会。

辽宁社会科学院历史研究所研究员张玉兴介绍："他说为国担忧，愿意出兵来抗击倭寇。一开始明朝没有同意，朝鲜却惊讶了，朝鲜说绝不能

▲ 松花江

让努尔哈赤来,他把军队开到我们这来之后不得杀我们,他来之后我们国家不能存活了,就向朝廷再三呼吁绝不能让努尔哈赤来,明廷因此拒绝了努尔哈赤。他不用派兵了,但是他忠于朝廷的美名留下了。"

1597年,日本军队第二次大举入侵朝鲜。明朝再一次派出军队入朝作战,最终使日本的侵朝战争以失败告终。在这场前后持续6年之久的援朝抗倭战争中,明朝付出了巨大的人力物力。辽东地区的明朝军队也大量被抽调出征。这6年的时间,可以说是上天赐予努尔哈赤发展勃兴的良机。战争使明廷无暇顾及建州及周围地区发生的一切。努尔哈赤在骗取明朝信任的同时,得以大施拳脚,把扩张的矛头指向了海西女真。

松花江在历史上被称作海西江。因此,在这个流域居住的女真人被称作海西女真。在经过不断地迁移、兼并之后,海西女真逐渐地整合为叶赫、乌拉、哈达、辉发四个大部落,总称扈伦四部。

努尔哈赤的异军突起改变了女真各部的局面。特别是威胁了海西女真中最强大的叶赫部称雄各部的图谋,也对哈达、乌拉、辉发三部给予了重大刺激。扈伦四部的首领意识到努尔哈赤这个野心勃勃的建州首领,迟早会从城墙下爬上来把刀架在他们的脖子上。

在政治斗争中,婚姻总会被当作武器来使用。扈伦四部首先采取了联姻策略。哈达国主把女儿嫁给努尔哈赤。叶赫贝勒也把妹妹送到了努尔哈赤的炕头上。对于拱手相送的女人,努尔哈赤并不拒绝。但是,女人的到来丝毫没有消减努尔哈赤势力扩张的野心。以叶赫部为首的扈伦四部,合谋之后,最终下定决心,要趁努尔哈赤羽翼未丰将其扼杀。战争需要理由,扈伦四部的理由就是政治讹诈。

中国人民大学清史研究所教授张研介绍："海西女真就派来使臣向努尔哈赤提出割让土地，那没有道理，努尔哈赤说，你回去和你主子说，咱们已经是亲戚了，视同一国，所以要把你的土地割给我，是这么一个说法，他说你回去和你主子说，虽然视同一国，但毕竟是两国，我不稀罕你的土地，你也别想要我这里的，说国家不比牲畜，岂能随便割裂分给他人。"

叶赫使臣悻悻而归。叶赫贝勒碰了钉子之后，并不甘心。他联合哈达、辉发二部共同遣使再次来到建州。在努尔哈赤宴请三部使臣的宴会上，叶赫使臣再次向努尔哈赤出言不逊。

中国人民大学清史研究所教授张研介绍："说前次我主子念你是同主姻亲，允许你割土是对你的恩典，你反而构怨结仇，你别怨我主子六亲不认。态度很强硬，说我大军不日将血洗贵国，贵国难道有一兵一卒敢踏上我主子的地界吗？"

面对来使赤裸裸的威胁，被激怒的努尔哈赤用腰刀做了回答。战争已是不可避免。

1593年9月，正是盛夏时节。骄阳炙烤着大地。比这季节更燥热的是建州女真与海西女真一触即发的战事。在叶赫、哈达贝勒的谋议下，以海西扈伦四部为首，纠合了科尔沁、锡伯等五个部落，结成九部联盟，合兵三万，分三路向建州佛阿拉发起了进攻。一路上，风动尘生，杀气袭人。

努尔哈赤的建州部队此时只有一万多人，力量对比上处于绝对的劣势。然而，多年军事生涯已经使努尔哈赤能够承受任何巨大的压力，能在最复杂的情况中冷静地选择最合理的策略。

中国社会科学院民族研究所研究员滕绍箴介绍："努尔哈赤基本战略战术是各个击破。扈伦四部没有什么战术，就是围攻，他们从四面八方过来以后，军队指挥也不统一。努尔哈赤分析，你各部来攻可以，但是我的目的就是，只要打掉对方几个头目，对方很快就会退兵的。"

临战之前，努尔哈赤要求将士们去掉笨重的防护装备轻装上阵。他的这一破釜沉舟般的命令，极大地激励起将士们拼死作战的勇气。

正午时分，双方在古勒山展开了大战。叶赫贝勒布寨和纳林布禄策马挥刀，向前直冲。人多势众的九部联军士兵们也潮水一般向古勒山猛攻。正当双方激战正酣，一个意外改变了战场的局势。当时，布寨向前冲的太急，坐骑被建州兵预先设置的滚木绊倒，布寨没来得及起身，一个建州兵迅疾地扑了上去，骑在布寨身上把他杀死。

布寨的被杀使联军阵脚大乱。努尔哈赤抓住这转瞬即逝的战机，立即督率古勒山上的精兵以及之前埋下的伏兵一齐杀出。九部联军被杀得尸横遍野，血流成河。蒙古科尔沁部的明安贝勒慌不择路，光着身子骑着一匹没有鞍子的马狼狈而逃。

古勒山之役，建州军斩杀叶赫贝勒布寨以及九部联军共四千人，缴获战马三千匹，铠甲一千副。努尔哈赤以少胜多，获得了自起兵以来最大的一场胜利。

中国社会科学院民族研究所研究员滕绍箴介绍："凭借古勒山这一仗，建州在东北地区女真各部当中，彻底站稳了脚跟，扈伦四部高傲的气势被打下去了，在战争第二年就跟努尔哈赤和谈来了，后来明安贝勒把女儿嫁给努尔哈赤。蒙古部也开始低头了，所以这场战斗真正决定了努尔哈赤统一女真各部的命运。"

古勒山大败九部联军，努尔哈赤自此军威大震，远迩慑服。当年十月，努尔哈赤派兵征服了长白山的朱舍里部。十一月，努尔哈赤进京朝贡。在北京城里，他一方面与明朝的官员称兄道弟、推杯换盏，一方面又暗中调兵遣将攻取了位于鸭绿江的纳殷部。这是建州女真最后一个被统一的部落。

至此，努尔哈赤用十年的时间，或以武力征讨，或以恩德招徕，使曾经四分五裂、穷于内战的整个建州女真重新整合归一。兵力也由遗甲十三副发展到一万五千多人。不久，努尔哈赤因为在古勒山之战中杀死了朝廷不喜欢的叶赫贝勒布寨，被明朝晋封为龙虎将军并赐给金印。由此努尔哈赤成为女真各部中官阶最高、职位最显赫的酋长。这一年，努尔哈赤三十五岁。

1595年的冬天，大雪纷飞中，一位朝鲜官员越过鸭绿江进入了明朝的辽东地区。他叫申忠一，是朝鲜的南部主簿，此行的目的地是建州女真的都城佛阿拉城。这次来访，他是奉朝鲜国王之命到这里与努尔哈赤协商边境事宜的。不过，申忠一此行还有另外一个秘密任务。

抚顺新宾满族研究所研究员赵维和介绍："努尔哈赤的属下曾经因为越边采参事件屡次与李氏朝鲜发生冲突，双方冲突事件不断地爆发，为了缓和双方的矛盾，朝鲜国派主簿申忠一从满浦即今天集安对面，在冬季越冰而过，行前告诉申忠一，一路上多做观察、多了解努尔哈赤所辖区域内一切政治、经济、军事方面的情况，这一行的真正目的实际上是一种间谍性质的活动。"

怀着特殊使命的申忠一在前往佛阿拉城的一路之上做了一个图记，将他所路过的每一个山寨、居住的群落和道路河流包括行走的日程都做了详细的记录。日后，申忠一根据这个记录，写成了《建州纪程图记》一书。多年以后，受明朝胁迫出兵围剿努尔哈赤的朝鲜军队正是依着申忠一的图记进入建州。

努尔哈赤在栅城的客厅里为申忠一举行了欢迎宴会。申忠一记述，努尔哈赤长得"不肥不瘦，躯干壮健，鼻直而大，面铁而长"。在宴会上，一向威严的努尔哈赤向这位远道而来的客人展示了他的娱乐才华。酒过数巡之后，努尔哈赤高兴地离开椅子，亲自弹起了琵琶，并随着音乐扭动着身体，气氛显得非常热烈。

此时，在远隔千里的北京，紫禁城里的万历皇帝朱翊钧已经有6年没有出现在与大臣朝会的金銮殿上。这位全天下人神明一般叩拜的天子就像被皇宫大院吞没了似的。人们无法理解，在那个只有三四十个院子的后宫中，皇上是如何忍受每天所见都是同一的面孔和同一的景色。1596年，幽灵一般躲在深宫而又挥霍无度、爱钱如命的朱翊钧想出了一个聚敛钱财的主意。他以开矿为名，派遣矿监、税司下到全国各地去搜刮。

> **朱翊钧：** 明神宗，明穆宗第三子。隆庆六年，穆宗驾崩，朱翊钧即位，次年改元万历。在位48年，是明朝在位时间最长的皇帝。

▲ 紫禁城

辽宁社会科学院历史所研究员张玉兴介绍:"其实朱翊钧并不想开矿,而是借这个为名搜刮大量的钱财,有些地方很多富人因为这个倾家荡产,把这个钱交给皇帝,皇帝把这个钱都放在国库,放在皇帝的私人账下,实际全国财产都是他的,他还感到不满足,自己还有个私人小金库。"

矿监、税司所到之处激发起民变无数,全国上下一片怨声载道。此时的明王朝犹如一艘在海中航行的巨船,船身虽然庞大,但船体已经出现了裂缝,正在歪歪斜斜地下沉着。

1599年的初春,努尔哈赤召见了手下最有才华的两位大臣——额尔德尼和噶盖。他命令这两人完成一件他思虑良久的事情,那就是创制满文。女真人曾经拥有自己的文字。但是在元、明两朝400多年的时间里,女真人的文字就逐渐地消失了。到明朝后期,女真人使用的是蒙古文。随着努尔哈赤统一事业的不断拓展,他深切地感到在女真人中使用蒙古文的不便。

东北师范大学历史系教授刘厚生介绍:"当时这两个人对创制文字并不是很积极,认为创制新的文字很麻烦,用蒙古文就可以了,就跟努尔哈赤说不知道怎么创造,努尔哈赤就说可以借用蒙古文的字母来标注我们女真人的语音,音是女真人的音,字母是蒙古字母,实录上是这样记载,当然这种记载有夸耀努尔哈赤聪明的地方,但是给我们留下了一个原则,我们知道满文是根据蒙古文的字母创造的,用蒙古文的字母来标注女真的语音。"

在创制满文的事情上,尽管许多贝勒大臣都表示反对,但是,努尔哈赤的态度坚决而强硬。于是,在很短的时间里,额尔德尼和噶盖根据努尔哈赤的授意制定出了满文,"颁行国中,满文传布自此始"。满文的创建使努尔哈

◀ 建州女真自己炼铁制造的箭镞

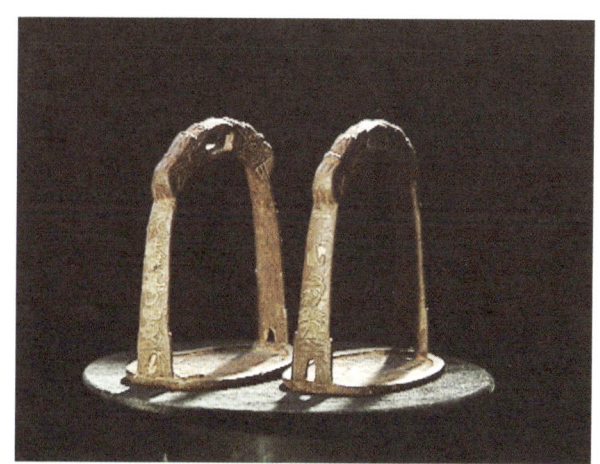
女真人制作的马镫 ▶

◀ 小四平一带的铁矿

赤发布的命令和法规变得畅通起来。

1599年，在建州女真经济生活中发生了一件大事。史书是这样记载的"三月，始炒铁，开金银矿"。字数寥寥，然而意义重大。建州女真在明朝初年就有冶炼的工匠，但由于没有掌握开矿炼铁的技术，因此，生铁原料只能从明朝进口。尤其是在兵器、盔甲等军事用品的生产、制造上，由于受制于原料，始终不能随心所欲。这一直是努尔哈赤的一块心病。

1599年，在新宾的小四平一带发现了铁矿。努尔哈赤兴奋异常，立即下令组织工匠进行大规模的采矿、冶炼。很快，建州女真的军队有了自己炼铁制造的箭镞、马镫、盔甲。

中国社会科学院民族研究所研究员滕绍箴介绍："他造的盔甲都是精铁的，就是掺一点混合金属，被弓箭射到也射不透，明朝的盔甲能被射透，就是箭头打到明朝的盔甲上能穿透，所以他的常规武器比明朝好。"

努尔哈赤认为满族与吃肉为生的蒙古族不同，是以种田吃粮为生。因此，在佛阿拉建立王权之后，他不遗余力地发展农业生产。每当春耕季节，努尔哈赤都要带上贝勒大臣们出城巡视农耕。他还规定，部队出征不违农时；不许将牛马拴在果树上，以防啃摩树皮；牛群毁坏庄稼，牧人要被鞭打二十；牲畜踏坏农田，每匹罚银一两。努尔哈赤对农业的重视，加上铁制农具的使用以及耕种技术的不断提高，建州的农业很快就达到了较高的水平。充足的粮食储备为努尔哈赤的军事扩张奠定了基础。

▲ 努尔哈赤

自从1593年在古勒山大败九部联军之后，努尔哈赤就开始着手实施统一女真的构想。他以佛阿拉城为根据地，远交近攻，先弱后强，对扈伦四部以及位于黑龙江、乌苏里江流域的野人女真展开了攻势。除了深谋远虑的才智和日益周密的心机外，此时的努尔哈赤已经建立起一支三万多人的强悍军队。

女真人原来是一个游猎民族。虽然他们过上了定居生活以后，游猎方式也逐渐被农耕生活所取代。但是，在生产、生活中形成的那种强悍性格和组织形式，却被顽强地保留下来。因此，努尔哈赤组建军队时并没有仿照明王朝的军事体制，而是把女真人在狩猎时采用的牛录组织加以改造和整编，以红、黄、蓝、白四种不同颜色的旗帜作为标识，形成了独特的八旗制军事组织。八旗制度规定八旗中每一个15～65岁的男子，首先要是战斗人员。他们入则为民，出则为军，以旗统民，以旗治军。勇猛剽悍的女真人通过这种形式凝聚在一起，形成了一支极具威力的战斗队伍。

八旗制度： 八旗制度是清太祖努尔哈赤于明万历二十九年（1601）正式创立，初建时设四旗：黄旗、白旗、红旗、蓝旗。1614年因"归服益广"将四旗改为正黄、正白、正红、正蓝，并增设镶黄、镶白、镶红、镶蓝四旗，合称八旗，统率满、蒙、汉族军队。

中国社会科学院历史研究所研究员周远廉介绍："可见努尔哈赤各方面都在发展，他之所以兴起，不是老天爷保佑、皇大帝保佑，他完完全全是在实际战争过程中，不断地想出各种办法使自己发展壮大，使自己从普普通通的一个酋长成为真正的君王。"

扈伦四部中实力最弱的哈达是被努尔哈赤最先吞并的部落。哈达部的首领孟格布禄是一个见利忘义之徒。他在主动请求与努尔哈赤交好之后，又经受不住叶赫的威逼利诱与叶赫暗中往来并试图加害努尔哈赤。

孟格布禄的背信弃义惹恼了努尔哈赤。他以迅雷不及掩耳之势率兵直抵哈达城下。在经过了六天六夜的激战后，建州军攻破了哈达城。从哈达开始，努尔哈赤开始横扫女真各个部落。

1603年正月，辽东大地还笼罩在肃杀的寒气之中。位于苏子河畔的赫图阿拉城却热闹非凡。建州女真的贝勒大臣和军兵、百姓正遵照努尔哈赤的命令，从佛阿拉城迁往赫图阿拉。这次迁都，努尔哈赤的心情是舒畅的，他要迁回的是自己的出生之地，也是他的祖居之地。这一年，努尔哈赤四十岁，正是一个男人生命中的巅峰时段。脑力和经验结合得恰到好处。他有一种预感，在新的都城他将开创出更大的、远远超越祖上的业绩。

赫图阿拉位于佛阿拉的北面，两者相距约10千米。整座城池建在苏子河南岸的一片自然突起的台地之上，与烟囱山遥遥相望。迁都之后，努尔哈赤动用了辖区内的全部人丁对赫图阿拉城进行整修扩建。历时五年，内、外两城终于修筑完成。当时，内城主要居住着努尔哈赤的眷属以及族人亲戚。外城则是八旗军队的居住地。全城共居住人家两万户，约十万人。据说当时全城军民的饮水都依赖于这口饮之不尽的罕王井。从十几岁离家到如今以王者的身份重回故里，努尔哈赤巡视着自己新的都城，心中涌起对未来更多的渴望。

三、建元

孟古二十九岁得了重病，一病不起。临终就一个要求，就想见她额娘一面。努尔哈赤当时已经和叶赫不共戴天，十年以前，是叶赫纠集的九部联军打算要吃掉他，失败以后还是阳奉阴违不断地要阻挠他统一。但是他还是派使臣出使叶赫，要接孟古母亲来见她最后一面，结果叶赫拒绝了，努尔哈赤暴怒，从这时候开始这两国就真正是仇敌了。

孟古的病逝令努尔哈赤痛心不已。他下令四个婢女为其殉葬，并宰杀了牛马各一百头作为祭祀。孟古的灵柩在宫中停放了三年努尔哈赤才准许下葬。

在海西女真往北更加广阔的黑龙江、松花江、乌苏里江流域居住着另一支庞大的女真人——野人女真。野人女真各个部落下又分小部和各路。尽管孟古的去世令努尔哈赤无限悲痛，但他丝毫没有停下征伐异己、统一女真的步伐。努尔哈赤在一步步蚕食扈伦四部的同时，频频向野人女真用兵。在此后的近十年时间里，野人女真的各个部落在建州铁骑持续不断的攻势和努尔哈赤征抚并用的策略下一一降服。

1599 年,东海渥集部虎尔哈路王格、张格归附努尔哈赤。

1610 年,努尔哈赤征服渥集部位于牡丹江的宁古塔、绥芬等四路。

1611 年,努尔哈赤攻取了位于兴凯湖的渥集部乌尔古辰、木伦二路。

1611 年,努尔哈赤攻陷虎尔哈部的扎库塔城。

努尔哈赤征服野人女真的行动引起了海西女真乌拉部的强烈不满。双方在图们江畔的乌碣岩发生了一场激战。三千建州兵以视死如归的气概和迅雷不及掩耳的攻势击溃了一万乌拉兵。

乌碣岩大战之后,努尔哈赤并没有乘胜进兵。虽然乌拉是他统一女真必须扫除的一个障碍,但是,努尔哈赤认为还需要等待最佳的时机。对于征服乌拉、叶赫这样的大国,努尔哈赤有一个伐树理论。他说:"大木岂能骤折,必以斧斤伐之,渐至微细然后能折。相等之国欲一举取之,岂能尽灭乎。且将所属城郭尽消平之。独存其都城。如此,则无仆何以为主,无民何以为君。"

经过近三十年的杀伐征战之后,努尔哈赤终于百炼成钢。他铸就了一颗超人之心。水一样沉着,弓弦一样柔韧,冰一样冷酷。这颗心能冷静面对任何艰难的挑战,也能在巨大利害压迫下寂然不动,等待时机来临,以雷霆般的动作一举摧垮敌人。努尔哈赤已经成为俯视群雄的女真之王。

从 1589 年的元旦算起,紫禁城里的万历皇帝已经有十多年没有临朝听政了。对于山海关外崛起的女真人,他似乎根本就没放在眼里。朝政有大臣们在管理,疆域有武将们守卫,万历皇帝的兴趣和热情完全释放在纸醉金迷里面。与祖宗传下来的江山相比,金钱、美酒和女人使万历皇帝的心情来得更加愉快。

在大明天子的昏昏然之中,努尔哈赤一刻也没有停止统一女真的步伐。他阳奉阴违的两面政策不仅蒙蔽了明廷,就连威镇辽东的李成梁也被他恭顺的外表所迷惑。李成梁前后两度出任辽东总兵官达三十年,这三十年正是努尔哈赤成长、起兵并逐步整合统一女真的三十年。

辽宁社会科学院历史研究所研究员张玉兴介绍："努尔哈赤在发展起来的时候，别人说努尔哈赤形成尾大不掉之势，其势不在小，要发展进行兼并，李成梁几次向朝廷上书，说努尔哈赤是奄奄一息地待毙，努尔哈赤没什么发展。所以努尔哈赤的发展壮大与李成梁没有对他进行控制、进行约束是有一定关系的。"

宽甸六堡位于辽东边墙之外，原来只是一大片没有归属亦无人居住的荒地。万历二年，在李成梁的大力建议下开始修筑军事据点。竣工之后又开荒400千米，移民六万进行耕种放牧。其目的在于屯垦戍边，巩固军备。然而，万历三十四年李成梁却突然一改初衷，认为这六堡孤悬边外，极易引发边境冲突。于是李成梁下令把辽东宽甸、长甸、大甸等六堡的垦荒军民迁入内地。

辽宁社会科学院历史所研究员张玉兴介绍："那地方经常有夷人活动，所以夷汉交叉的地方对国家安全构成不便，又把老百姓撵回来，把大量汉人都撵回来，把宽甸六堡的地方都撂荒，那里良田美地已经开垦出来了，本来是很好的土地，所以朝臣对这个意见最大，说李成梁是弃地待奴，就是把好好的地方丢弃，然后拱手让给女真，也就是完全给了努尔哈赤。"

此时，万历皇帝派出的矿监税司正横行辽东，对百姓敲骨吸髓，百般克剥，辽东人民怨声沸腾。许多汉民不愿内迁而逃入建州，努尔哈赤不仅得到了大片良田，更得到了大量的劳动力。明朝日后丧失辽东的征兆此时已经显现出来。

1606年12月，一个雪后初霁的日子。蒙古喀尔喀部五个部落贝勒的使臣来到赫图阿拉拜见努尔哈赤。他们向努尔哈赤进献了骆驼、马匹等礼物，尊努尔哈赤为昆都仑汗。昆都仑是恭敬的意思。因此努尔哈赤也被称作恭敬汗。这是努尔哈赤第一次被尊称为汗，为他日后建立金国称汗做了舆论上的准备和铺垫。

努尔哈赤吞灭哈达之后，辉发部已是三面被建州包围。辉发部地理上夹在建州和叶赫之间，夺取辉发，一方面，等于去掉叶赫的一个臂膀；另一方面，可以打开去乌拉的通道。于是辉发成为建州和乌拉、叶赫三方明争暗夺的对象。1607年9月，恭敬汗努尔哈赤亲自统兵进攻辉发山城。

辉发山城位于辉发河畔的辉发山上，形势险峻，易守难攻。史书记载，此役，努尔哈赤在攻城之前，早已向城中派出内应。先后有上百精兵扮作商人混入城中。攻城之际，"内应者作乱开门，迎兵驱入，城中大乱，以至于失守。"建州军攻破辉发城，辉发部灭亡。

九十年后，1698年7月的一天，努尔哈赤的曾孙康熙来盛京拜谒祖陵，然后到辉发城围猎。望着已经荒废的辉发古城，康熙感慨万千，写下了《行围辉发》一诗："铁马金戈百战时，戎衣辛苦首开基。榻边鼾睡声先定，始布中原一着棋。"

尽管努尔哈赤处处谨慎小心，伪装恭顺，但他的迅速崛起和强势扩张，毕竟还是引起了明朝不少有识之士的注意。兵部尚书李化龙在分析建州"列帐如云，积兵如雨，日习征战，高城固垒"的军事形势后断言"中国无事必不轻动，一旦有事为祸者，必此人也。"一些文武大臣纷纷上疏，建议调兵遣将，待机征剿努尔哈赤。不过这些建议如同石沉大海，得不到深藏内宫的万历皇帝的丝毫回音。

1608年6月，辽东总兵官李成梁卸任。征战一生的他此时已是八十三岁高龄。李成梁先后两次任总兵官，东征西讨，师出必捷，威震绝域。当须发皆白的李成梁从广宁启程回京之时，他并没有意识到，因为他的骄纵而成气候的努尔哈赤将和他的继任者彻底埋葬大明王朝。

位于辽阳的东京陵是关外一座很不起眼的简陋陵园。这里安葬着努尔哈赤的两位至亲。一位是努尔哈赤的弟弟舒尔哈齐，另一位是努尔哈赤长子褚英。关于他们的死亡是清朝正史中回避和隐晦的内容，因为他们的死亡都与努尔哈赤有着直接的关系。

舒尔哈齐是努尔哈赤的三弟，在努尔哈赤四个弟弟中，舒尔哈齐最是骁勇善战。早在努尔哈赤起兵之初，舒尔哈齐就跟随大哥冲锋陷阵、浴血拼杀。

当努尔哈赤统一建州女真，建立王权之时，舒尔哈齐已经拥有大批兵将，成为建州女真仅次于努尔哈赤的第二号实力人物。在明朝的官方文书中，往往努尔哈赤与舒尔哈齐并称。舒尔哈齐也多次以建州卫都督的身份进京朝贡。

1611年，当努尔哈赤的八旗大军驰骋纵横于女真各部，伴随着军事上的捷报，在赫图阿拉，一条消息却突然而至并迅速散播。努尔哈赤的胞弟舒尔哈齐去世了。关于他的死，清朝的官修史书记述得非常简略："上弟达尔汉巴图鲁贝勒舒尔哈齐薨，年四十八"。在这短短的十几个字背后，有着怎样的隐情呢？

中国社会科学院民族研究所研究员滕绍箴介绍："舒尔哈齐跟努尔哈赤矛盾除了内部的权利之争以外，也有一个对外战争问题，舒尔哈齐跟明朝关系非常好，舒尔哈齐不太同意进攻扈伦四部。"

虽然舒尔哈齐是与自己出生入死的血脉兄弟，但是，努尔哈赤的心早已不再会被感情所软化。对于那些坚决站在他这一边的人，他如太阳一般温暖。而对那些反对他并向他的权威发出挑战的人，他则比野兽还要凶残。努尔哈赤逐渐消夺了舒尔哈齐的兵权，并把他幽禁在赫图阿拉城的大狱中直至突然死亡。努尔哈赤幽杀胞弟舒尔哈齐，成为此后三百年爱新觉罗家族残酷血腥的权力斗争的发端。

弟弟舒尔哈齐的死并没有影响努尔哈赤的心情。第二年的四月，辽东大地，春风拂面。努尔哈赤在赫图阿拉举行了盛大的婚礼，迎娶了蒙古科尔沁部明安贝勒之女博尔济锦氏为妻。这是爱新觉罗家族与蒙古科尔沁部联姻的开始。

中国国家清史编纂委员会委员、吉林社会科学院历史所研究员李治亭介绍："蒙古族和女真是世仇，因为努尔哈赤这个民族祖先是被元朝灭掉的，所以这个仇恨是不会泯灭的，但是努尔哈赤看到了蒙古族可以利用，所以努尔哈赤对他们防备、防御又拉拢，采取两手政策，希望和蒙古族建立联盟，以攻明朝。"

表面忠于明朝，暗中征抚女真，结盟蒙古，努尔哈赤就像一名高明的棋手在棋盘上有条不紊地谋篇布局。经过多年的准备和耐心的等待，努尔哈赤终于下决心要铲除一直横亘在他统一女真道路上的两个最大障碍——乌拉和叶赫。

1613年，努尔哈赤统率大军征讨乌拉。双方各三万人马在乌拉城下展开了一场大战。努尔哈赤一马当先，冲入敌阵。在强悍的建州大军的冲杀下，乌拉兵终于难以抵挡，四散溃败。努尔哈赤一举攻占了乌拉城。乌拉贝勒布占泰逃亡叶赫，因复国无望，几年后抑郁而死。

从1593年古勒山大战到乌拉部覆灭，努尔哈赤为砍倒乌拉这棵大树已经花费了整整二十年的时间。在砍倒乌拉这棵大树之后，努尔哈赤又马不停蹄地兵指扈伦四部仅存的叶赫部。

八个月后，努尔哈赤借口叶赫收留布占泰，亲自统率四万建州大军浩浩荡荡杀向了海西女真中最后也是最强劲的敌人——叶赫部。自知不敌的叶赫被迫向明朝求助。这场交织着国仇家恨的战火在明朝出兵干预后暂时得到了平息。

自筹还不足以与明朝抗衡的努尔哈赤为了缓和双方的紧张关系，亲自到抚顺，向抚顺游击李永芳呈书申辩。这是努尔哈赤与李永芳的首次见面，距离李永芳成为努尔哈赤的降将只有不到五年的时间。

从1583年起兵，三十年的时间过去了。在无休无止的征讨、拼杀和心智角逐中，努尔哈赤从一个二十五岁的青年开始步入晚年。此时，东北女真各部已基本在他的掌控之中。努尔哈赤觉得他已经有资格和实力做最重要的一件事情。时间对他来说，已经是很宝贵了。

1615年是努尔哈赤为建国做准备的最后一年。

这一年，努尔哈赤最后一次派遣使臣赴京朝贡，这也是他最后一次向明朝表示忠诚；

这一年，努尔哈赤把汉族文化的精神领袖孔子请到了辽东这个偏远之地。他要求女真人学习汉族文化并下令举荐人才，广纳贤士；

这一年，努尔哈赤在赫图阿拉开始兴建佛寺、道观、文庙等七大庙，三年后全部竣工，中原的精神信仰和文化传统逐渐取代萨满教成为女真人精神世界的主流；

这一年，努尔哈赤时常眺望烟筒山，他在考虑给他即将建立的国家起一个什么样的名字。

1616年，明万历四十四年。新年的鞭炮声还在赫图阿拉的上空响彻，空气中弥漫着喜庆的气氛。正月初一，努尔哈赤在赫图阿拉举行了隆重的汗位登基典礼。以努尔哈赤次子代善、八子皇太极为首的八旗贝勒和诸大臣，率领文武官员按八旗顺序肃然站立。八大臣跪呈文书，为努尔哈赤上尊号奉天覆育列国英明汗，建元天命。斟酌许久的努尔哈赤最终把国号定为金，史称后金。

中国社会科学院历史研究所研究员周远廉介绍："金国的建立，首先是标志明满关系一个变化，代表努尔哈赤已经不是龙虎将军都督了，而是一国之汗，你是一国之汗，只是你的国家大一点，我的国家小一点，但是我们对等了。"

经过三十三年的征讨，努尔哈赤终于基本统一了原本同族却又各自为政的女真各部落，如愿以偿地登上了部族的权力顶峰。他在自己的出生地修建了一座宫殿，宫殿的样子很像是一个八角形的帐篷，这是按照满族人生活习惯的样式建筑的。努尔哈赤把它命名为汗宫大衙门。虽然这座宫殿建得有些不伦不类，他屁股下面坐的那张椅子上却雕满了龙形图案。显然，这时的努尔哈赤已不再甘心在东北的穷乡僻壤里打打杀杀。他要到一个更加广阔的舞台上去施展自己的政治抱负。虽然，此时的女真还未彻底统一，但努尔哈赤相信那只是早晚的事情。他现在最关切的目标是那个远在北京和他同样坐在龙椅上的大明天子。

1617年，一场前所未有的水灾席卷了辽东。刚刚立国不久的后金遭遇了一个大凶年。据朝鲜史料记载，当时女真人流离道路，饿殍相望。但是生活的困境不仅没有消磨女真人的桀骜之心，反而使他们变成了随时不惜一切扑向猎物的饥鹰。

1618年，天命三年正月十六日清晨，当圆圆的月亮即将隐去的时候，一个奇异的天象出现了：一道黄光穿过月亮。此光约两尺（0.67米）宽，长约四丈（13.33米）。努尔哈赤听到报告之后，急忙披衣出门观看。汗王认为这是一个大大的吉兆。于是，他做出了一个思虑良久的决定。在当天的朝会上，深思熟虑的努尔哈赤端坐在汗宫大衙门，向排列两侧的诸位贝勒大臣宣布："天意如此，汝等勿疑，吾计已决，今岁必征明矣。"一项事关女真人前途命运的重大决策就这样在后金建国的第三个新年传遍了赫图阿拉。

当后金的八旗将士厉兵秣马，把刀剑磨砺得更加锋利的时候，当后金汗努尔哈赤振臂将弓拉成满月的时候，复仇之箭所瞄准的目标——明朝，却还在一片浑浑噩噩之中。

此时，明朝的万历皇帝朱翊钧已经十八年没有上朝。官员们的奏章呈上去之后，往往如肉包子打狗，永无消息。全国的行政陷于长期的混乱。宰相李廷机连续上了一百二十次辞呈，都得不到消息，最后他干脆不辞而别，朱翊钧也不加追问。

全世界都找不出这样的政治形态，宫门紧闭，人们无法进去，奏章投进去如同投进死人的坟墓，得不到任何轻微的回音。人民的哭号，官员的焦急，遍地的诉詈声和如火如荼的民变，朱翊钧都无动于衷。当努尔哈赤崛起于辽东，建国后金，对大明虎视眈眈的时候。明王朝却像是一架瞎马拉的破车，一日千里地向着使它粉身碎骨的断崖奔驰。

中国国家清史编纂委员会委员、吉林社会科学院历史所研究员李治亭介绍："明朝确实走向了衰弱，所以努尔哈赤也是深谋远虑、雄才大略，他看出这个形势，敢于向明朝宣战，敢于向明朝动武，如果他没有一定把握，他绝不敢轻举妄动，所以这场战争，完全建立在他对明朝情况了如指掌上，建立在他对明朝的情况做出正确判断的基础上。"

努尔哈赤敢于向大明王朝叫板，还有赖于他一手创建的极具战斗力的八旗军队。在八旗军中，骑兵是主力部队，克敌制胜主要依靠他们。努尔哈赤的骑兵，无论人还是马，都装备着甲胄。骑兵作战时，分为死兵和锐兵。死兵就是我们现在讲的敢死队；锐兵就是督战队。冲锋时，死兵骑双马披重甲，冲锋在前。即使遭遇强敌明知必死，也必须勇往直前。如稍有退却，就会遭到后面锐兵的截杀。当死兵冲乱敌军的阵脚，锐兵乘胜冲锋，迅速扩大战果。八旗军横行女真各部，攻必取，战必胜，这正是制胜的诀窍之一。

八旗军之所以成为当时不可一世、令人生畏的作战部队。还有一个重要原因就是努尔哈赤明确而严格的奖惩措施。努尔哈赤定下规矩,只以敢进者为功,退缩者为罪。有功则赏给奴婢、牛马或者财物。有罪则罚,剥夺他的家财、妻妾,甚至囚禁、杀头。因此,临阵之时,八旗士兵总是冒死冲锋,有进无退。努尔哈赤还规定,凡战斗中掳掠的人口和财物,一律分赏给参战者。这对于生活贫困、物质匮乏、刚刚从与野兽为伍状态脱离出来的女真人来说,是一个巨大的物质刺激。因此,八旗子弟,一闻出师,皆踊跃争先。家里的妻子和孩子也都欢呼雀跃,希望多抢一些财物。

1618年4月13日,初春时节,寒气依然逼人。在萧萧的寒风之中,赫图阿拉城血脉沸腾。这一天,一身戎装的汗努尔哈赤在城南的堂子前对他的臣子和军队宣布了他对明王朝多年来的积怨。努尔哈赤把它归纳为"七大恨"。这七大恨中除了明军诛杀努尔哈赤的祖父和父亲是真正的大恨大仇外,其余的则很是牵强甚至根本站不住脚。诸如在统一女真各部落的战争中,明朝偏袒海西女真;明朝支持叶赫部将早已许配给努尔哈赤的老女东哥嫁给蒙古部;朝廷在写给建州的书信中多有侮辱性的语言等,这些只不过是努尔哈赤为他发动的战争包裹上一层正义的道德外衣。

中国社会科学院历史研究所研究员周远廉介绍:"七大恨本身有的是小题大做,但是七大恨表现出来一个什么问题,表现出明朝政府欺负女真、压迫女真这个基本事实是存在的。女真要发展,必须团结、必须统一,而明朝不让它统一,女真要发展,必须要求得到汉民更多的先进技术、先进人员,明朝不允许。七大恨的条文不一定是事实,但是可以反映的基本事实是明朝压迫女真,女真要起来反抗、要求独立、要求发展,这个基本事实是存在的。"

向明朝宣战,是努尔哈赤战略上的一个重大转变。虽然后金的八旗军只有四万人左右,而明朝仅在辽东地区就驻有近十万军队。但是花甲之年的努尔哈赤迸发的无比雄心和巨大勇气足以让腐朽的大明朝廷不寒而栗。

四、伐明

守将李永芳既没有与城同亡的勇气也没有为明殉节的骨气。他屈膝于努尔哈赤面前，成为明朝第一个向后金投降的政府官员。努尔哈赤对李永芳也很是不薄，不仅任命他为副总兵官，还把自己的孙女嫁给了他。于是，这位大明的将领把头发一剃成了努尔哈赤的孙女婿，被称作抚顺额驸。

攻占抚顺之后，努尔哈赤从俘虏的汉人中挑选出家在山东、山西、杭州等地的商人十六人，发给路费，让他们每人携带一份"七大恨"返回老家广为传布。

随后，后金兵横扫了抚顺周边的屯、堡500多处，俘获人畜三十万。由于战利品太多，后金将士分了五天还没有分完。努尔哈赤不得不下令把财物带回家再分配。前所未有的大丰收给因灾荒而物质贫乏的女真人带来了极大的刺激，勾起了他们更加强烈的贪欲。仅仅两个月后，努尔哈赤率八旗军出抚顺鸦鹘关，向清河进攻。

中国社会科学院民族研究所研究员滕绍箴介绍："万历皇帝听了这事非常震惊，然后整个朝廷就动起来了，就是以前还是一潭死水，一听说这种情况京城就慌了，好像努尔哈赤已经要到北京了一样，所以赶快备战，急不可耐地要出兵，但是要真动起来，他找不出这么多的兵来，所以张罗许久，一拖拖到七月，七月清河之战又开始了。"

清河城地势险要，是辽阳、沈阳的屏障。守城的明军在主将邹储贤的带领下据险坚守。在久攻不下后，努尔哈赤显示了他足智多谋的军事头脑。他命令军士头顶木板，从城下挖

▲ 清河城城址

墙而入。清河城最终被八旗军攻克，邹储贤以及一万多明军被杀。

中国社会科学院民族研究所研究员滕绍箴介绍："清河一仗打得非常惨烈，努尔哈赤发兵三进三退，邹储贤在城上设立大炮，努尔哈赤的兵牺牲了很多，那时候叫蹬尸上城，最后破城的时候是蹬着尸体上的。"

八旗军的伤亡激发了努尔哈赤残暴的本性。城破之后，努尔哈赤下令屠城，并把一名被俘的汉人割去双耳，让这个鲜血淋漓的人为信使，向万历皇帝下了战书。这是一封口气强硬、盛气凌人的书信。信中说道："如果你认为我起兵没有道理，我们可以约定一个时间，十天或者半个月，你率兵来和我决战。如果你认为我有道理，那就赔偿我黄金和锦缎，算是我们双方讲和。"

万历皇帝是否看到了这封书信，史籍上没有记载。但是努尔哈赤攻陷抚顺、清河两城，给明朝的打击之沉重是这个长达两个半世纪的政权所料想不到的。这次打击也总算使这个断头僵尸一般的王朝有了一丝警醒。以懈怠荒淫著称的万历皇帝在紫禁城的宫殿深处对努尔哈赤做出了强硬而干脆的回应，那就是：调兵遣将，犁庭扫穴。这个严厉并充满杀机的旨意，直接导致了萨尔浒大战。而战争的后果，又出现了他们谁也没有料想的一系列历史事变。

努尔哈赤的突然发难令整个明王朝措手不及。此时的明廷固然腐败丛生、危机四伏。但是在涉及江山根基的问题上从皇帝到大臣都表现得决不含糊。按照万历皇帝毕其功于一役的旨意，从全国各地征调的兵马星夜赶赴辽东。九个月后明军已经在辽东聚集了十万大军。此外，朝鲜国王李珲在明廷胁迫之下派遣了一万三千军兵，与建州素有仇怨的叶赫也出兵二千，一同加入到征剿后金的大军。

明朝发兵十万，号称47万，筹饷200多万两，这在对女真的用兵上，兵数之多，军费之巨，规模之大，都是空前的。万历皇帝对努尔哈赤是如此的痛恨，以至于一向吝啬的他规定了很高的擒奴赏格。赏格规定：能擒获、斩杀努尔哈赤者，赏银一万两，升都指挥世袭。擒获、斩杀努尔哈赤子孙、亲属者也各有赏银和封官。甚至，连努尔哈赤的大将、书记、所有大小头目，都榜上有名，在劫难逃。

中国社会科学院历史研究所研究员周远廉介绍:"不只是消灭努尔哈赤一个人,上面说抓到努尔哈赤怎么样、抓到贝勒怎么样、抓到边关头领怎么样,一串下来,那就是努尔哈赤、贝勒、汗、大臣、将领基本都网罗了,另外是建州土地也瓜分了,所以就是灭其国、灭其族,这是满族生死存亡的一战。"

1619年,新年刚过。辽东大地一片冰天雪地。经过十个月的酝酿和准备,明朝各路支援辽东的兵马在辽阳聚齐。兵部侍郎杨镐被任命为辽东经略,也就是辽东军区总司令。万历皇帝赐予他尚方宝剑,坐镇沈阳全权指挥此次对后金的军事行动。

杨镐的战略是兵分四路,分进合击。南路由清河出鸦鹘关进攻赫图阿拉,主将是原辽东总兵官李成梁的儿子李如柏。西路由原山海关总兵杜松率领,从沈阳出抚顺关进兵。东路由号常胜将军的老将刘𬘩率领,并督率朝鲜军兵,从宽奠进发。北路则以总兵官马林为主帅,率领本部两万余人,加上助攻的叶赫兵两千人,出开原、铁岭,从北面进攻赫图阿拉。四路兵马从东西南北四个方向进攻,意图在同一时间合围赫图阿拉,擒斩努尔哈赤,消灭后金。刚刚立国第四个年头的后金,已是危在旦夕。

中国国家清史编纂委员会委员、吉林社会科学院历史所研究员李治亭介绍:"萨尔浒之役对明朝来说不能算是倾国之举,也是做出了很大的努力,集中了雄兵猛将,像杜松、刘𬘩、李如柏这些战将,下的力气很大,明廷的目的在哪里? 想一举把努尔哈赤后金歼灭在摇篮之中,是带着这个信念、带着这样一个目标来打这场仗的。"

然而,正是杨镐的分进合击给了努尔哈赤可乘之机。在与诸位贝勒大臣的军事会议上,努尔哈赤提出了"凭尔几路来,我只一路去"的战略原则。各路屯寨的兵民迅速撤回集中到赫图阿拉,等待着明军的是后金举国动员攥成的一只铁拳。

萨尔浒山位于抚顺东面,赫图阿拉以西。萨尔浒,是满语木橱的意思,形容山上森林十分繁茂。此地为绵亘起伏的丘陵地带,是冷兵器条件下作战的理想战场。明军与后金大决战的第一场战斗就是在这里打响。明军西路主将杜松虽然身经百战，屡立战功，却只是一个勇猛有余而谋略不足的武夫。他骄傲轻敌，贪功冒进，在其余三路明军因种种原因受滞于途中之时，西路三万人马却在杜松的率领下孤军突出到了距赫图阿拉仅30千米的萨尔浒。

在大雪覆盖的丘陵山地，努尔哈赤集中四万人马乘着夜色向杜松的大营展开了进攻。驻守在界凡城上的数千八旗军也趁势从上往下冲击。占有地理和人数优势的八旗军冒着明军的炮火殊死冲锋。在冲破明军的防线进入短兵相接之后，战斗变成了一场大屠杀。

总兵官杜松奋勇拼杀，冒死突围，被八旗军一箭射死。杜松的三万明军在这场寡不敌众的战斗中全军覆没。整个战场尸横遍野，血流成渠。明军死尸与兵器冲入浑河，像解冻的冰块一样，奔腾翻转，顺流而下。

歼灭西路杜松军的第二天，努尔哈赤率领八旗军折而向北，迎击从开原进发的北路军。

此时由总兵官马林指挥的一万多北路军已经开进至萨尔浒西北约15千米的尚间崖。杜松兵败的消息传来，全军哗然，军心动摇。慌乱的马林急忙转攻为守，把部队分成三部分别在尚间崖的左右结营列阵，布下牛头阵。这个分散兵力的布阵正是马林犯下的致命错误。努尔哈赤集中所有兵力，先砍向牛头阵的一只犄角——明军的龚念遂营。挟第一战之威的八旗精兵以绝对优势的兵力，几乎只是一瞬间便突破了明军的防线，大败明军。取胜之后，努尔哈赤跃马急驰尚间崖，扑向了牛头阵的牛头——马林的大营。

在尚间崖，两军展开了短兵相接的肉搏战。面对洪水般不断涌来的八旗兵，在血肉横飞的酣战之际，马林的信心首先动摇，竟然弃军而逃。失去指挥的明军顿时崩溃，全军覆没。明军"死者遍山谷间，血流尚间崖下，河水为之尽赤"。

攻下尚间崖的马林营后，努尔哈赤率领八旗军马不停蹄地杀向了牛头阵的另一只犄角，也是北路明军的最后一股部队——潘宗颜营。在八旗军凌厉的攻势下，阵营最终被突破，明军全部阵亡。前来助攻的两千叶赫兵此时刚刚行进到开原附近，听到明军战败，大惊而遁。

两日之内两路人马覆灭的消息，让在沈阳坐镇指挥的辽东经略杨镐目瞪口呆。他急忙传令另两路明军回师。然而，迅如风雷的努尔哈赤没有给明军机会。他的重拳已经砸向了刘铤率领的东路军。

　　东路军两万多人马从宽甸到赫图阿拉，道远路险，加上当时风雪大作，天气恶劣，后金又设置路障，坚壁清野，因而行军迟缓。出发十天后，才开进至距赫图阿拉约35千米的阿布达里冈。刘铤也是一个缺谋乏略的莽勇之将。他的武器是一口60千克的镔铁刀，人称刘大刀。对于杜松军和马林军的败没，刘铤全然不知。

　　中国国家清史编纂委员会委员、吉林社会科学院历史所研究员李治亭介绍："这边战争的胜败，刘铤什么都不知道，因为他行进很缓慢，所以最后皇太极和代善也来智取，就是打着杜松的旗号把后金兵打扮成明兵，说你赶快进兵，其他路都快到赫图阿拉了，刘铤也不知道是计，赶紧加快进兵，羊肠小路、一字长蛇阵。"

　　阿布达里冈一带，重峦叠嶂，道窄路险。急于抢功的刘铤不顾兵家大忌，命令兵马单列急进。早已埋伏好的八旗精兵突然出击，将刘铤的军队拦腰切断。四面山上的八旗兵从上往下冲杀，犹如山洪暴发，顷刻间，明军已是死伤过半。刘铤左臂中箭后仍拼死奋战，在面部又被砍了一刀削去半边面颊后，仍然左右冲杀，最终力竭战死。后金兵乘胜追击又接连歼灭了明东路军康应乾部和乔一琦部。刘铤率领的东路一万多明军几乎全军覆没。

　　随东路军出战的朝鲜兵"欲走则归路断绝，欲战则士心崩溃"。无可奈何之下，本就无心作战的一万多朝鲜兵在都元帅姜宏立的带领下向努尔哈赤投降。

　　明朝精心谋划的四路围剿，只剩下了李如柏的南路军。李如柏是李成梁的第二子。然而，将门未必出虎子。身为总兵官的李如柏胆小怯懦、贪生怕死。他率领的南路军出师既晚，行动又缓，接到杨镐回师的命令时，他的两万人马刚出鸦鹘关。正迟疑不前的李如柏急忙撤退。回军途中，明军风声鹤唳，在遭到二十名后金巡逻哨骑的追扰袭击时，竟然军心大乱，自相践踏，死伤不少。

李如柏退师后，朝廷上下群情愤慨。因为李如柏的小妾是努尔哈赤的侄女。朝廷有人怀疑他念着与努尔哈赤的香火之情，所以行军逗留观望，而努尔哈赤对他也是网开一面。于是，有"努酋女婿做镇守，未知辽东落谁手"的说法。因胆小而侥幸逃回的李如柏不久就被弹劾下狱，最终死在狱中。至此，明朝与后金的大决战，五日之内就以后金的大获全胜和明军的惨败而结束。

中国社会科学院民族研究所研究员滕绍箴介绍："这场战役能打的将领几乎打光了，八万多军队包括将领的家丁全完了，战马、器械，整个明朝仓库里的武器有十分之七都消耗在这个战场上，战马四万匹也所剩无几。"

萨尔浒一战，明朝军队的精锐基本丧失殆尽，再也无力向后金发起进攻。而后金则由被动转为主动，以它越来越优于明朝的军事实力发动了持续不断的进攻，直至把明朝灭亡。156年后，乾隆在《萨尔浒之战事书》中写道，萨尔浒一战"明之国势益削，我之武烈益扬，遂乃克辽东，取沈阳，王基开，帝业定"。

萨尔浒大捷后的第三天，努尔哈赤以后金汗的名义告诫他的部下说："前日之捷，天也。勿以屡捷而可恃，我必得辽，然后可以生活，汝等当以尽死于辽东城下为心云。"夺取辽沈已成为努尔哈赤新的战略目标。

萨尔浒之战的失败对于腐朽的明王朝来说是不可承受之痛。明朝京师在萨尔浒大败消息的笼罩下，举朝震惊，陷入了一片埋怨和混乱之中。一度振作的万历皇帝再一次没了声息。内阁大学士方从哲带领群臣跪在文华门外，苦苦哀求万历皇帝上朝理事，商议对策。躲在深宫的朱翊钧，听凭百官跪奏，借口身体有恙，既不上殿理政，也不召见群臣。明朝政府已经彻底成了一具断头的僵尸。

萨尔浒大败后，近两个月的时间里，明廷迟迟拿不出拯救辽东危局的有力决策。善于把握时机的努尔哈赤乘胜向明朝发动了新的进攻。六月，后金攻占开原。夺城之后，努尔哈赤的八旗军进行了三天的屠杀和掠夺。城中的明军以及无辜的百姓共七万余人被杀。

七月，努尔哈赤率五万大军又攻取了辽北重镇铁岭。一万多明朝军民死在了后金兵的屠刀之下。

努尔哈赤从对明宣战到夺取抚顺、开原、铁岭，只用了一年零三个月的时间。明朝辽东形势急转直下。明朝苦心经营上百年的辽东军备边防已是一派残破凋敝。在如此危急的情形下，明廷把希望寄托在了一个名叫熊廷弼的文官身上。

熊廷弼是都察院的御史，做事雷厉风行，刚直不阿。虽是文官出身，却懂兵书战略，擅谋略决断。十多年前，熊廷弼曾作为御史巡按辽东，是当时明廷为数不多的有胆有识又熟悉辽事的官员。

熊廷弼赴任之后，号令严肃，雷厉风行，整顿了濒于溃散状态的军队，稳定了军心、民心。经过一年多的努力经营，辽东边防大为改观，形势焕然一新。

中国国家清史编纂委员会委员、吉林社会科学院历史所研究员李治亭介绍："在他经营一年多时间，军事大变，就是在明朝失败的形势下，又重新稳住了辽东局势，把军事战略调整得比较好，努尔哈赤也有点担心，所以努尔哈赤没进攻，固然他要积蓄力量，准备更大的力量打恶战，就是辽阳之战，但是另一方面熊廷弼在这精心布防也让他心里感到担心，所以他就放缓进攻。"

熊廷弼经略辽东，打乱了努尔哈赤原定的进攻计划。经过与贝勒大臣的商议，努尔哈赤决意挥军北进，向叶赫发起最后一击，以彻底解除自己的后顾之忧。1619年8月，努尔哈赤率倾国之师征讨自己的宿敌——叶赫。大军出征之时，努尔哈赤发出誓言："此举如不

▲ 都察院御史熊廷弼

克平叶赫，吾必不返国也"。

失去明军的依靠和援助，势单力孤的叶赫在八旗大军的猛攻下，很快就被攻陷。叶赫贝勒金台石是孟古的哥哥，皇太极的亲舅舅，因为没有得到努尔哈赤不杀的承诺，万般无奈之下举火自焚。据说，金台石临死前用最后一口气，在烈焰中发出惨厉的声音，宣布了他复仇的诅咒：叶赫部哪怕只剩下最后一个女人，也一定要向努尔哈赤的子孙复仇。后来叶赫那拉·慈禧垂帘听政把大清帝国引向末路，有人认为这就是咒语的应验。

从1593年古勒山大战开始，努尔哈赤远交近攻、先弱后强、各个击破，就像伐树一样，耐心而沉着地一斧一斧地砍，一棵一棵地伐，最终将东北女真中最有实力的扈伦四部全部吞灭。至此，经过三十多年的征战，努尔哈赤几乎把东北所有的女真部落纳入到自己的旗下，完成了对女真的统一。史书记载"满洲国自东海至辽边，北至蒙古嫩江，南至朝鲜鸭绿江，同一音语者俱征服。是年诸部始合为一"。

▲ 慈禧太后

1620年7月，统治明朝近半个世纪之久的明神宗万历皇帝朱翊钧突然驾崩。新即位的光宗朱常洛刚当了一个月的皇帝，就因吃了大臣李可灼奉上的红丸死在乾清宫。这就是明朝有名的"红丸案"。朱常洛的长子朱由校登基，年号天启。光宗暴死，熹宗初立，明廷党争愈发地激烈。熊廷弼因性格刚直，不媚权贵，成为党争中的被攻击者和牺牲品，不久就被免职。明廷自毁长城，努尔哈赤适时地发起了辽沈攻势。

1621年3月，辽沈大地还没有从冰封雪冻中复苏。后金八旗的铁骑打破了雪野的寂静。努尔哈赤倾全国之力，顺浑河而下，水陆并进，向沈阳城发起了进攻。

面对城高沟深的沈阳城，努尔哈赤再次采用了他一贯的攻城策略。一方面，他派出大量间谍提前混入城中，伺机而动；另一方面，用少股部队在城下引诱城中的明军出战。

沈阳守将贺世贤勇猛有余而谋略不足，仅带了一千余名家丁出城迎战。在后金绝对优势兵力的包围下，寡不敌众，全军覆没。贺世贤被乱箭射死。此时混入城内的后金谍工趁机放下吊桥，打开城门，八旗兵一拥而入。号称"坚城"的沈阳一天之内就被后金攻陷，城内七万多明朝军民被杀。继开原、铁岭之后，沈阳城尸骸遍地，变成了又一座人间地狱。

沈阳一战的胜利，让努尔哈赤意气风发，不可一世。仅仅在沈阳驻扎五天之后，努尔哈赤召集贝勒大臣，对他们说："沈阳已拔，敌兵大败。今即宜乘势，率众长驱，以取辽阳。"

辽阳是明朝关外最大的重镇，城内人口众多，街道繁华，是明朝统治辽东乃至整个东北的政治、经济、军事和文化中心。接任熊廷弼的辽东经略袁应泰在沈阳失陷之后，紧急收缩兵力，准备在辽阳与后金决一死战。在兵力上明军十三万对后金的八万。不过在更能决定战争胜负的主帅谋略和军队士气上，袁应泰和他的辽东部队显然无法同努尔哈赤和八旗军相比。

辽阳之战首先在辽阳城下展开。轻率寡谋的袁应泰觉得自己兵力上占有优势，派朱万良、姜弼等五位总兵率五万明军依托着火器、重炮，背靠着护城河在城外摆开了阵势。面对兵员众多的明军和威力巨大的火器，勇猛善战的八旗军也不禁有些动摇。关键时刻，努尔哈赤说道："一步退时，我已死矣。你等须先杀我，后退去。"说完，努尔哈赤带领自己的两黄旗士兵率先冲向了明军。后金汗的身先士卒极大地鼓舞了士兵的斗志。八旗铁骑洪流一般向明军的阵地冲去。在这场没有丝毫取巧余地的硬碰硬的对决中，善于野战的八旗大军再一次显示了它锐利而强悍的攻击力。第一天的城外大战，后金兵大获全胜。

第二天，后金兵开始攻城。激烈的攻防战从白天一直持续到了黑夜，又从黑夜打到了天亮。第三天，八旗兵发起了总攻，明军进行着殊死的抵抗。在双方相持不下的关键时刻，努尔哈赤的谍工又一次发挥了作用。

中国国家清史编纂委员会委员、吉林社会科学院历史所研究员李治亭介绍："他有两个办法，第一是扮作明朝的百姓、商人提前混进城里去，第二他通过收买城内的人为他服务，等战争打起来的时候做内应，像前面讲的那样放火、乱喊，把现场搞得恐怖，这样城里就恐慌了，所以就这样把辽阳城里应外合拿下了。辽阳城很大，只要打下一角，东南西北八个角、面，打下一个方面后金兵就像潮水般登上城去了。"

正在城上指挥作战的袁应泰看见城楼火光冲天，知道大势已去。这位统帅辽东的明军将领做了最后的选择。在辽阳城东北角的镇远楼，袁应泰和妻子奴仆一起自焚而死。努尔哈赤作为胜利者进入被明朝统治了两个半世纪的辽阳古城。

五、遗恨

辽沈大捷之后，一个新的战场摆在了努尔哈赤的面前。那就是旷野千里的辽西。一旦攻占辽西，后金的八旗铁骑就可以长驱直入，兵临山海关，直逼北京城。

辽西的军事要冲是广宁。广宁即今天的辽宁省北镇市。它南临大海，西靠锦州，直通山海关，因地处辽河河东与河西的要冲，自明朝开国以来，广宁就是辽东地区仅次于辽阳的第二大重镇。

沈阳、辽阳接连失陷，明朝举国震惊，大有大厦将倾之感。朝廷上下惶然无计之时，想起了正在老家武昌赋闲的熊廷弼。于是，在连续数道圣旨的催促下，熊廷弼赴京面君，被天启皇帝委以辽东经略的重任。就任后，熊廷弼紧急赶赴关外稳定局势。不过满腹韬略的熊廷弼与当时掌握着实际兵马大权的广宁巡抚王化贞，在辽西的攻守方略上产生了很大的分歧。熊廷弼有心御敌却无兵可调，徒唤奈何。

1622 年，努尔哈赤乘明军攻守无定策，守辽将士无所适从、人心惶惶之时，亲自统兵攻打广宁。军心的涣散、策略的失当加上王化贞副将孙德功的暗中投降。仅仅五天，重镇广宁就轻易地落入努尔哈赤之手。

广宁之败的首要责任者王化贞因受到阉党集团的庇护而逃脱罪责。文韬武略、忠心耿耿的熊廷弼成了替罪羊，被逮捕下狱。不久就被天启皇帝处以极刑并弃尸荒野、传首九边。明朝自断臂膀，替努尔哈赤去除了一个强敌。

广宁的丢失，意味着明朝完全失去了对辽东的统治。广阔的辽河流域几乎纳入了后金的版图。努尔哈赤也达到了他四十年戎马生涯的顶峰。但是，如何统治和治理这个幅员辽阔、人口众多的地区，却成为摆在努尔哈赤面前的一个重大难题。广宁之后，忙于平息矛盾、整顿秩序的努尔哈赤没有继续向明朝发动大规模的进攻。对明宣战以来，狂飙一般势如破竹的八旗大军停下了脚步。后金与明朝的战争进入了暂时的停歇状态。

夺取辽沈使努尔哈赤登上了人生事业的顶峰。然而，胜利会腐蚀聪明，权力会冲昏头脑。军事上的巨大胜利、突然之间拥有的大片土地、城镇和众多人口，让从山乡僻壤出来的女真人既兴奋又紧张。在深深的猜疑和恐惧之中，曾经作为明朝民族压迫政策反抗者的努尔哈赤，又对辽东广大的汉人实施起了民族压迫政策。

辽宁社会科学院历史研究所研究员张玉兴介绍："努尔哈赤进入辽沈之后，他本想干一番事业，他下安民告示，还说要与民共食、要民服其业，公布了计丁授田，公布要和百姓一起重开大业。说是这样说，实际他并没这样做，他实行的政策和他自己的许诺完全相反。"

占领辽沈之后，女真人肆意强占汉人的田地和财物。出于对汉人的不放心，努尔哈赤还命令女真人与汉人合食同居，以便于对汉人的监视和控制。这一变相侵占剥削汉人田宅、财产和劳动的做法，使女真人与汉人本就强烈的矛盾更加激化。辽沈大地上，汉人纷纷逃亡，武装反抗此起彼伏。

辽宁社会科学院历史研究所研究员张玉兴介绍："武装反抗以外，还有投毒，相当一部分人没有办法，在牲口圈里边放毒药，努尔哈赤战马被毒死了，往水井里放毒药，女真人喝水死了，所以努尔哈赤多次下令所有汉人给的东西不能吃，汉人卖的东西不能吃，不能去汉人家里作客，甚至最后不断发现这个情况，有女真人单独走在外面被杀了，努尔哈赤问，被杀害的女真人是单独行动，带没带武器，说没带武器，下令必须得带武器，不能单独行动，一旦有不带武器单独行动的，死了的话不给抚恤，因此整个辽沈地段局面非常紧张。"

辽沈汉人持续不断的反抗，激怒了疲于应付的努尔哈赤。肉体消灭成为最后的办法。于是一场残暴血腥的大屠杀开始了。辽沈大地一片血雨腥风。清朝的官修史书《满文老档》真实地记载了这次大屠杀。

辽宁社会科学院历史研究所研究员张玉兴介绍："这次屠杀杀了很多人，皇太极自己也说'至此贤良诸生几被杀绝'，凡是读书人都被杀了，因为其他种种迹象如努尔哈赤所说，无谷之人他杀、独身之人他杀、有钱之人他杀，凡是有资产的人便有能力作乱，因此这样的人不可靠要杀掉，再者努尔哈赤要去甄别，认为哪些人不可靠，凡是看着不可靠的人、不值得存留的人也要被杀掉，这便是历史上有名的辽沈大屠杀，这个屠杀人数相当多，杀完之后辽沈几乎空了。"

然而，努尔哈赤的血腥屠杀除了激起汉民一浪高过一浪的反抗外，更让许多曾经对努尔哈赤的后金政权抱有幻想的明朝百姓醒悟。他们认识到，努尔哈赤并不比明朝的皇帝好到哪里去。要想免遭八旗铁骑的欺凌蹂躏，只有拼死抵抗。一向英明勇武的后金汗在辽阳这块他自认为的"天赐之地"，被折磨得心力交瘁。于是，努尔哈赤想到了迁都。

1625年3月，在辽阳东京城仅仅居住了四年。努尔哈赤突然向贝勒大臣们宣布了一个想法。他要把都城迁往当时仅仅是辽阳一个卫城的沈阳。此时，规划庞大的东京城正在建造之中。尽管部属们对频繁的迁都很有些意见，但汗王的命令是不能违抗的。三天之后，努尔哈赤和他的部属以及家眷就搬到了沈阳。

就像经营过的其他地方一样，他们开始认真地打造这里，大兴土木修建宫殿居室。在汗王的催促下，大政殿和十王亭迅速建成。

大政殿是汗王处理政务、商议军政大事的地方。建筑既别出心裁又寓意深刻。八角八边寓意着八旗之意，表现了八旗组织在后金国家不可替代的重要作用。

在大政殿前方的左右两侧，各排列着五座方亭，称为十王亭。这是努尔哈赤时期最有权势的八位旗主和左右翼王的办公场所。国家的一切大事都由汗王和这十位贝勒大臣讨论实施。努尔哈赤将女真族的八旗制度，用建筑的形式固定下来。

当努尔哈赤端坐于大政殿，向他的臣子们发号施令的时候，他绝没有想到，这里是他施政的最后地方。尽管汉人的反抗仍然如火如荼，但已近古稀之年的汗王依然野心勃勃、雄心万丈。他的目光越过沈阳的重重宫墙，投向了遥远的辽西一个叫作宁远的地方。

宁远城也就是今天辽宁的兴城。它东距锦州100千米，西距山海关100千米，正好处于辽西走廊的中间。此地原本无城，后来设置宁远卫，才开始修城。当努尔哈赤的八旗大军攻陷广宁，山海关成为阻挡后金的唯一门户时，宁远城的战略意义就越加凸显出来。因为，守住了宁远，也就扼住了辽西走廊的咽喉，而山海关还在100千米之外，根本不会受到侵扰。山海关平安无事，京城自然也就安稳。当努尔哈赤把目光盯向这里的时候，一位叫袁崇焕的明朝将领已经把宁远经营成了一座坚固的堡垒。

中国国家清史编纂委员会委员、吉林社会科学院历史所研究员李治亭介绍："袁崇焕在危机时刻，就是辽西大撤退的时候，他是邵武县（今福建省邵武市）的知县，他进京觐见皇上的时候成绩不错，在兵部里有一个小官职，谁也不敢上辽西去，他说我去看看，他匹马单枪没告诉谁，夜行几百千米以后到了山海关，回来以后他就跟朝廷说给我钱给我兵马，我来挡住后金，这时候大家都吓破胆了，袁崇焕的声音简直让大家震醒，真是听到了豪言壮语又出现了一线希望，所以把他派到宁远去。"

袁崇焕是广西省藤县人，曾任福建邵武县知县。他与熊廷弼一样虽然也是文官出身,但心雄胆壮,通晓边事、富有谋略。广宁失陷之后,在朝野上下一片悲观哀叹声中,正在北京述职的袁崇焕主动请缨出关,被任命为辽东宁前道兵备佥事,相当于地方军区参谋,协助当时的辽东经略王在晋守卫辽西。赴任不久,袁崇焕就敏锐地意识到宁远的重要性,提出了以坚守宁远来保卫山海关的谋略。

中国国家清史编纂委员会委员、吉林社会科学院历史所研究员李治亭介绍:"袁崇焕要守在关外100千米外的宁远,不能再守山海关,山海关面临着后金兵直接兵临城下不就危险了吗,王在晋不同意,他俩发生了激烈争执。孙承宗来视察,到了山海关、又到宁远看看形势,一看守山海关必守宁远,在100千米中间再把军事重镇恢复起来,把中后所、中前所这些卫城建立起来,然后由宁远再往前伸展,离锦州可能也就100千米路吧,所以孙承宗一看,说宁远是行胜之地不能小视,袁崇焕的战略是对的。"

袁崇焕的策略虽然遭到了王在晋的反对,却得到了当时东阁大学士、兵部尚书孙承宗的支持。不久,消极防御、只图苟安又固执己见的王在晋被调离。孙承宗亲自挂帅,出任辽东经略。他采纳了袁崇焕的战略方针,以宁远为中心布置了一道坚固的防线。

中国国家清史编纂委员会委员、吉林社会科学院历史所研究员李治亭介绍:"这条防线就是宁锦防线,就是锦州变成了最前哨,后面就是宁远,宁远后面是山海关,所以山海关、宁远、锦州构成一道坚固的防线,这时候不仅把宁远坚固了,还把锦州城修了,大小凌河城都修起来了,史称宁锦防线。"

在袁崇焕的亲自规划和监督下,两年多的时间里,军民合力建成了一座城坚墙厚、楼台炮台齐全的新城。天启初年,明朝经澳门进口了三十门西洋大炮,射程远,威力大,是当时世界上最先进的火器,也被称作"红夷大炮"。宁远城上安置了十一门这样的大炮。在袁崇焕的全力经营下,一度荒凉凋敝的宁远城,成为明朝抵御后金南犯的关外重镇。攻克广宁之后,努尔哈赤的歇兵,很大程度上也是由于孙承宗、袁崇焕防御策略的有效得当。

然而，正当孙承宗、袁崇焕锐意恢复之际，明朝统治集团内部的斗争却愈演愈烈，政治也愈发黑暗。以魏忠贤为首的阉党势力完全控制了朝政。孙承宗因为对魏忠贤采取不合作态度，被阉党集团排挤下台。懦弱无能的阉党党羽高第出任辽东经略。

高第色厉内荏，畏敌如虎。刚一上任，就否定了孙承宗、袁崇焕的策略。他放弃关外的守备，将锦州、松山等地的明军撤回山海关内。袁崇焕坚持不撤兵，誓死守卫宁远。于是，辽西一线，只有宁远一城孤悬关外。城内明军不到两万人。一直伺机而动的努尔哈赤在歇兵近四年之后，终于等来了战机。

中国社会科学院民族研究所研究员滕绍箴介绍："努尔哈赤反正觉得明朝一换将，就是个机会，所以努尔哈赤这次比较轻视明朝，因为他连续打仗都是胜利的，所以他觉得拿宁远应该不成问题，那时候他有一句话叫一脚就能踢倒宁远城，所以他想马上得到宁远，然后拿下山海关，关外就都是他的了。"

此次出征是后金对明朝发起的又一轮大规模攻势。努尔哈赤已经在考虑拿下宁远之后率领八旗铁骑席卷山海关，直逼北京城。因此努尔哈赤对这次出征极为重视。在行过了隆重的祭天礼之后，1626年正月14日，努尔哈赤统率六万大军，号称二十万，兵锋直指宁远城。23日，八旗军兵临宁远城下。在城外的首山上，努尔哈赤俯瞰着宁远城。在他心中，小小的宁远城已是囊中之物。此时的努尔哈赤丝毫没有想到，宁远将成为他的八旗精兵的灾难之地，这里也将为他所向披靡、战无不胜的军事神话画上一个句号。

面对后金军的狂飙劲旅，袁崇焕进行着紧张有序的防御准备。在排兵布防的同时，袁崇焕吸取沈阳、辽阳等城失陷的教训，在城内进行了大面积的清查，抓捕了一批后金的谍工。为了稳定军心、民心，袁崇焕还把自己的母亲、妻子接到了宁远城中，表明他与城共存亡的决心。

在向袁崇焕劝降不成之后，24日，努尔哈赤指挥后金兵开始攻城。已经精心做好了防御准备的袁崇焕，指挥明军用矢石、铁铳和红夷大炮向下轰击。

后金将士虽然悍勇，但在大炮的轰击下，死伤累累。激烈的攻防战从清晨持续到深夜，明军凭借着猛烈的炮火和坚固的城池越战越勇。自从与明军交战以来，后金兵还没见过如此顽强善战的明军。初战失利，努尔哈赤被迫收兵。

中国国家清史编纂委员会委员、吉林社会科学院历史所研究员李治亭介绍："炮依城，人也依城，城依炮而守，城依人而守，人不出城，炮在上面保护城池，所以这招很见效，正是对付后金兵一个非常奇妙的战术，所以后金兵就无能为力，望城而兴叹。离近了炮火就把人轰出去了，离远了也不起作用。"

第二天，后金军继续组织攻城。尽管努尔哈赤不断变换着打法。八旗军兵前赴后继冒死冲锋，但在威力巨大的炮火打击下，八旗军除了在宁远城下留下堆积如山的尸体外，依然无法攻破城池。饱尝了火炮苦头的后金兵终于畏缩不前，只在远处呐喊，不敢往前冲锋。努尔哈赤第一次见到自己的军队有如此怯战的表现。在诸位贝勒的督战下，后金兵几进几退，除了抢回城墙下的尸体，宁远城仍在明军手中。

第三天，努尔哈赤一面指挥军队继续围城，一面又分兵渡海，攻打明军的屯粮地觉华岛。觉华岛位于宁远西15千米，与宁远隔海相望。岛上建有明军囤积粮食的城池，有守军七千多人。努尔哈赤把在宁远城下失利的一腔怨气撒在了防守薄弱的觉华岛。当时正值严冬，海面结冰。后金的八百骑兵履冰渡海，登岛破城。岛上七千明军全部阵亡，大量的粮食以及两千多艘船只被焚毁。

第四日，束手无策的努尔哈赤眼睁睁望着巍然屹立的宁远城，怀着愤恨的心情下令回师。史书记载："上自二十五岁起兵以来，征讨诸处，战无不捷，攻无不克，惟宁远一城不下，不怿而归。"宁远之捷是明朝从抚顺失陷以来的第一个胜仗。久经沙场、攻无不克的努尔哈赤败在了初历战阵的文官袁崇焕手下。这是努尔哈赤用兵四十余年来最为惨重的失败。这次失败严重地打击了他的信心和身体。

中国国家清史编纂委员会委员、吉林社会科学院历史所研究员李治亭介绍："征战四十二余年以来没打过败仗，像辽宁都攻下了，怎么一个斗大的庙攻不下来呢？对手又是一个南蛮子无名小卒，努尔哈赤真憋气窝火！所以回去他总反思，为什么失败了呢？征战以来是攻无不克，为什么会在那里失败？是天谴责我吗？是天不容我吗？是天怨我吗？还是我人事不修，政治不修，导致老百姓怨恨我？他百思不得其解。"

努尔哈赤回到沈阳之后，心情沮丧，抑郁不欢。他在思索宁远之败的教训，更为后金的未来以及身后的军国大计陷于苦闷焦虑之中。他最为担心的是"吾子嗣中果有效吾尽心为国者否？大臣等果俱勤谨于政事否？"

努尔哈赤共有十六个儿子。长子褚英作战勇猛，屡立军功，十八岁时就获封"洪巴图鲁"的称号。对于这个儿子，努尔哈赤寄托了很大的希望。后来，褚英被努尔哈赤授命执掌国政，正式成为汗位的继承人。然而，在继承人这个风口浪尖的位置上，褚英立即成为众矢所指，受到了四大贝勒和五大臣两方面的反对。在他们掀起的阴谋风暴中，褚英最终失信于努尔哈赤。1613年，褚英被幽禁。两年后，就在努尔哈赤建国称汗的前一年，他亲自下令处死了这个曾寄予厚望的继承人。褚英被处死时，年仅36岁。

褚英死后，努尔哈赤的二儿子代善执掌国政。但不久，代善也成为政治阴谋中的牺牲品，被剥夺了储君的位置。

辽宁社会科学院历史研究所研究员张玉兴介绍："自从代善失去了储君资格以后，努尔哈赤也是为接班人这个事儿伤脑筋，他想选一个，但是没有中意的，他希望这个人是没有任何问题，不要出现一个纰漏。所以他就提出八家共治国政，谁也不要说了算，共同议论，有东西也八家共分，最后大家共同推举一个。"

1622年，后金汗努尔哈赤发布汗谕，实行八大贝勒共治国政。八大贝勒也就是八旗的八位旗主。他们都是努尔哈赤的子侄。

中国社会科学院历史研究所研究员周远廉介绍："新汗由八大贝勒推举，新汗言行不当，八和硕贝勒可以商量罢免，所以八大和硕贝勒共治国政、行政、立法、军队。"

努尔哈赤实行八大贝勒共治国政，实际上就是变君主专制为贵族共治。这是对中国两千多年封建君主专制制度的一次颇有勇气的改革尝试。他试图通过这种做法来阻止自己的儿子们势同水火的储位之争。努尔哈赤颁布八大贝勒共治国政的汗谕时已是64岁。深感力不从心的他开始逐渐把权力过渡移交给八大贝勒。他在为自己的后事做着准备。然而，死亡还是突然降临，令所有人措手不及。

从宁远回到沈阳后不久，为了排遣心中的郁闷，也为了掩饰宁远大败的惨痛，1626年4月，努尔哈赤再次披挂上阵，亲率贝勒大臣统兵西征蒙古。这是努尔哈赤生前最后一次军事行动。此次西征虽然大获全胜，但仍然无法排解宁远之败郁结在努尔哈赤心中的苦闷。

中国社会科学院民族研究所研究员滕绍箴介绍："这对努尔哈赤打击极大。努尔哈赤就说，我这一生攻无不克，没想到有这么一个小子出来阻挡我前进。他就不理解，后来他长疮跟他这次失败有直接关系，因为他非常恼火，为证明自己有本事，他发兵攻蒙古巴林部，只是为争一口气，显示自己还能打胜仗。实际上他天天坐着想不透这个问题。"

中国国家清史编纂委员会委员、吉林社会科学院历史所研究员李治亭介绍："他想不明白，他遗憾，他悔恨，这样岁数的老人禁不住这样的失败，禁不住这样的打击，所以他病了，背生痈疽，后背生了个大毒疮。"

7月，努尔哈赤前往清河进行温泉疗养，但毫无效果，病势日重一日。努尔哈赤预感到自己的日子不多了。他乘舟顺浑河返回沈阳。8月11日，当走到距沈阳20千米的瑷福陵隆恩门鸡堡时，68岁的努尔哈赤走完了人生最后的道路。他把一个未知的江山留给了自己的子孙。陪伴他走到生命尽头的，除了这如血的残阳，还有侍立在周围各怀心事的妃子、儿子和贝勒大臣。

当夜，努尔哈赤的灵柩被运回盛京，抬入汗宫。这是一个漫长死寂、杀机四伏的夜晚。各种力量都在紧张地策划、密谋和交易。当太阳升起，被阴谋充斥的长夜隐没在刺眼的阳光之中。四贝勒皇太极在各方力量的角逐中胜出，成为汗位的继承人。

努尔哈赤死后三年，他的陵寝在沈阳城东十千米的地方建成，是为福陵，如今被称作东陵。

努尔哈赤死后的第十年，皇太极改族名"女真"为"满洲"，改国号为"清"。

又过了八年，努尔哈赤的孙子福临在北京紫禁城的皇宫坐上了这把万众仰慕、至高无上的龙椅。

在福陵安息的努尔哈赤生前不会想到，女真人能够一统天下。他的爱新觉罗家族会成为此后两百多年中国的主人。

光绪三十四年十月二十二日，紫禁城内弥漫着令人窒息的气氛，曾两度发动宫廷政变，四次垂帘听政，统治着世界上人口最多的国家近半个世纪之久的慈禧太后，寿终正寝。随后，她被以皇帝葬礼规格葬于清东陵。在中国历史上，享受如此葬礼的女人是绝无仅有的。

百年后的今天，当人们在史书中探究慈禧出身的时候，却找不到任何记载。慈禧到底出生在哪里？她的身世又有怎样的悬疑？

慈禧身世之谜

1989年6月的一天，一位不速之客走进了山西省长治市委办公楼，来拜访时任地方志办公室主任的刘奇。这个叫赵发旺的上秦村村民见到刘奇后，不仅自称是慈禧的五辈外甥，还带来了同村几位宋姓村民的一封联署信，口口声声要为慈禧太后平反。

"平反"一词是指把判错的案件或做错的政治结论改正过来，但历史对慈禧公正的评价早已是白纸黑字、板上钉钉，"平反"一词又怎么会用在慈禧的身上呢？经过仔细询问，从赵发旺的表述中刘奇终于明白了事情的原委。赵发旺说："慈禧太后是上秦村人，就出自自己的外婆家，姓宋……而这次自己来找刘奇的目的，就是求刘奇帮他们把慈禧出身这个问题搞清楚、定下来。"

刘奇很惊讶，慈禧的后代怎么会出现在上秦村呢？虽然"平反"属于用词不当，但从赵发旺言谈举止上看，他蛮认真的，说得有板有眼，好像不是

慈禧太后,这个百年前统治中国将近半个世纪的女人,史家用在她身上的笔墨却甚是寥寥,仅限于:"慈禧,叶赫那拉氏,镶蓝旗满洲人。咸丰二年选秀入宫,先封兰贵人,后晋懿嫔。咸丰六年三月生载淳,晋懿妃,翌年再晋懿贵妃。咸丰崩载淳继位,懿贵妃尊皇太后,诏旨称圣母皇太后"等。以致她的身世至今仍是个待解之谜 ▶

在胡编乱造。何况,就凭慈禧的那份名声,即便真有关系的人都巴不得躲得远远的,他却主动往上凑合。于是,刘奇决定去上秦村看个究竟。

一、节外生枝"抢"慈禧

上秦村,位于长治西南7千米外的平川之上。刘奇一进村,便按照村民的指点来到了村西头一个已经很久无人居住的破败院落前。据这所老宅的主人宋安则讲,当年慈禧就出生于这所迄今已经有300多年历史的典型山西民居中。当然,一家之言不足为凭,刘奇又向其他村民了解情况。谁知这一问不打紧,人们是如数家珍,七嘴八舌说个不休:据说,当年这座老宅的主人宋家家道殷实、生活富足。道光十五年阴历十月初十,宋家添了一个女孩,生下时与他人的不同之处是这个女孩的两只脚心里各长有一个痦子。这个女孩后取名叫宋龄娥,十分乖巧、懂事,深受父母的喜爱。然而

▲ 上秦村人尽皆知的"慈禧故居",相传慈禧就是生于此,并在此度过了她的童年时光

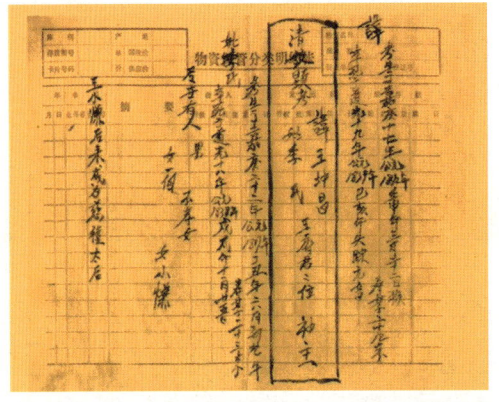

▲ 西坡村的"慈禧生母墓"和村民王培英家保存至今的家谱。这是西坡村村民认定慈禧是本村人的"有力证据"

好景不长,一个大涝之年,洪水冲毁了田地,宋家因失去了衣食之源而骤然破败。为了让宋龄娥讨个活命,其父母只好忍痛把她卖到潞安府做使女……原来,慈禧的事情在这里几乎人尽皆知。人们几乎异口同声告诉刘奇:慈禧小时就是在这所院落里长大的。自从她进宫当了娘娘开始,村里人就将这所院落称为娘娘院,世代相传一直流传至今。

刘奇在上秦村的调查刚有些眉目的时候,10千米外西坡村又有人来找到刘奇,提出了新的说法并举出了自己的证据:慈禧不是出生在上秦村,而是出生在西坡村。同样是在道光十五年,西坡村贫穷的王增昌夫妇喜得一女,这个女孩的两只脚底也各有一个瘊子,王增昌夫妇为她取名王小慊。王小慊三岁那年其母病逝,妻子的病逝对贫困的王增昌来说无疑是雪上加霜。无奈之下,王增昌决定卖掉小慊,为她找条生路。而买方,正是上秦村的宋家。后来,宋家又将王小慊转卖到了潞安府。不仅如此,现西坡村有一棵千年古槐,传说当年小慊经常在下面玩耍;在西坡村外的田地间还有一座孤坟,坟前的石碑上赫然刻着"慈禧太后生母之墓"几个大字;更重要的是,村民王培英家还保存有一本家谱,家谱上注有一段"王小慊后来成为慈禧太后"的文字……

然而，宋家后代矢口否认王家与慈禧有关。随即，两村"慈禧的后人们"却已开始为"抢"慈禧唇枪舌剑地争执开了。刘奇却从双方的"公说公有理、婆说婆有理"中，找到了一个关键的共同点：慈禧在幼年时的确被卖到了潞安府，而且是被卖到了当时潞安府的惠征家。

二、深究细考诞新说

惠征何许人也？刘奇回到办公室后开始遍查史籍。

正史中记载：惠征乃慈禧之父。曾长期担任笔贴式之职，后历任文选司主事、验封司员外郎、保源局监督、山西归绥道、安徽宁池广太道等职。清史档案非常惜墨，其中又有很多含混的地方，因此史料中并没有惠征在潞安府做官的明确记载。可刘奇经过进一步查找、分析，还是发现了惠征曾在潞安府做官的蛛丝马迹。

史载当时的潞安知府是多慧，但在道光二十四至二十六年间他曾经离开潞安府赴京城"引见"，就是面见皇帝述职，接受考核，等待提拔重用、另委新职。在这一期间内，吏部会委派人来代行他的职务，并考察他以往的政绩。而这个人便是惠征，因为在他的履历表中，道光二十五年至二十七年间是空白的。刘奇认为：由于只是个临时性的代理工作，所以档案中就没有记载。

在接下来的寻访中，刘奇还听到这样一个故事：

一次宋龄娥伺候惠征夫人洗脚。知府夫人提醒宋龄娥说："我这一只脚底下有一个瘊子，你不要使劲抠它。"当地民间有"脚心瘊，住高楼"这样一种说法，是日后大富大贵的一种标志。谁想，正小心翼翼地服侍夫人的宋龄娥却不经意间说出了一句令夫人大为吃惊的话："我两个脚心各有一个瘊子。"说者无心，听者有意，夫人心里为之一震。自此，夫人便对这个丫头刮目相看，并在心中暗暗地酝酿了一个计划：当年，有女儿的满族人家，女儿都要参加选秀，只有在被淘汰下来后方能许人，而有钱有势的人家谁也不愿将自己的亲生骨肉送到宫中去苦挨"深宫怨"。当时惠征的女儿已经10岁，按照规定马上就要面临选秀。由于宋龄娥正好与女儿年纪相当，因此惠征夫人便琢磨出了一个冒名顶替的法儿。她收养了宋龄娥，让她改姓叶赫那拉，更名玉兰，并在潞安府西花厅设立书房，与自己的亲生女儿一起精心培养……直到咸丰二年，17岁的慈禧代惠征的女儿应选入宫。

这个故事并非无源之水、空穴来风，刘奇在接下来的查阅中发现：曾经服侍过慈禧的御前女官裕容龄，在她1957年出版的《清宫琐记》中也写道："慈禧，道光十五年十月初十日，生于潞安府衙西花厅……"而在曾为慈禧画过像的美国画家卡尔著的《慈禧写照记》中，刘奇也找到了这样一句话："外间传述，谓慈禧太后家世极为微贱，初仅为他家使女，厥后始选入大内，登宝位焉……"这些记述与王宋两家的说法不谋而合。

经过多年调查，刘奇收集到大量关于慈禧生于长治的传说。这些传说逐渐在刘奇心中勾勒出一个"长治说"的梗概：

道光年间，西坡村王增昌夫妇生有一女，取名王小慊。由于妻子早亡，家庭贫困，王增昌把女儿卖给上秦村宋四元家，改名宋龄娥。不料宋家亦因天灾而骤然破败，宋龄娥又被转卖到潞安府知府惠征家做使女。后来，宋龄娥被惠征收养，顶替他的亲生女儿参加选秀并且应选入宫，一步步成为皇太后。

三、新证频现，推波助澜

以往，学界普遍认可的说法是慈禧生于北京。据慈禧二弟桂祥之曾孙那根正讲：我们的家谱曾有记载，慈禧是1835年11月29日（道光十五年阴历十月初十）生于北京西四牌楼劈柴胡同（现辟才胡同）内惠征家宅的。可惜，家谱在"文革"中被"破四旧"了，惠征老宅在前几年也因危改被拆除了……但随着调查研究的深入，刘奇总觉得慈禧的出身可能确含有不可告人的隐情。因为，其间发现的一系列"怪异的细节"以及一些间接证据似乎都倾向于慈禧是汉人、生于山西长治的说法。

▲ 原位于北京西城劈柴胡同内的惠征旧宅。以往,学界普遍认可慈禧是生于这里的说法

▲ 慈禧存世照片中偶现的"三寸金莲"。由于汉人不同于满人有裹脚之俗,因此这也就成为一派学者认定慈禧不是满人的重要依据之一

一是英国人爱德华·贝尔在《中国末代皇帝》一书中写道:"慈禧长得过于纤瘦,脚更是小得不成样子。"而刘奇也在一个偶然的机会,从一张老照片上发现了慈禧脚上的异常——她的脚确是很小。而满族妇女历来都是天足。

再是裕德龄在她的《御香缥缈录》中曾写道:"有一点是很诧异的,老佛爷对于满文,实在认识得很少,少到差不多可以说完全不认识。"慈禧身为清朝皇太后,却不懂满文,这实在令人难以理解。刘奇也因此而认定:慈禧是汉人,而非满人。

还有,虽然清廷有一套严格禁止汉女参选的选妃制度,但刘奇经查阅大量史料发现,还是有旗人不惜铤而走险抱养汉族女孩来冒名顶替的。最终刘奇认为:没有确凿的证据能够证明参选的秀女中绝对没有汉族,慈禧极有可能是因为顶替惠征之女而被选进宫中的。

就在刘奇初步认定慈禧是汉人的时候,学界有人对长治说的证据之一——王培英的家谱提出了质疑:王培英的家谱不仅是写在一个破旧账本上

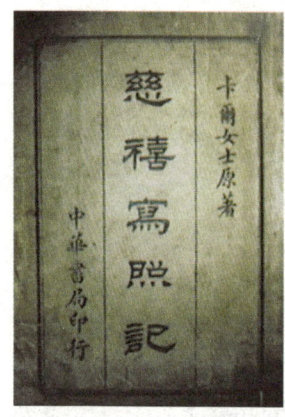  

▲《慈禧写照记》《御香缥缈录》《清宫琐记》等这些与慈禧生前有过接触的人留下的宝贵回忆材料,为当今史家探源慈禧提供了宝贵的线索和有力的佐证

的,而且在干支纪年后还加注了公元纪年。由于老百姓以往修谱习惯上是不会用公元纪年的,因此很多人认为他的家谱是伪造的。但刘奇经研究后认为:这本家谱记录了1794年(乾隆五十九年)至1970年王家的六代传人,跨时176年,如果没有根据,王培英是不可能凭空编造出这本家谱的。

正当难以判断王陪英家谱真伪的时候,上秦村赵发旺的表弟宋六则又给刘奇送来了一些在自家炕洞里找到的陈旧且带有字迹的碎纸片,据他讲,这是慈禧入宫后写给宋家的信……经拼合修复,虽然从大致内容上尚不能断定残信是慈禧写给宋家的,但有几点透出了这封信非比寻常:一是据记载慈禧有个非常信赖的代笔人叫缪素筠,是位女性书画家。残信上的字跟她的笔迹有些相似之处;再是刘奇还在残信的纸片中发现了一块信封的残片,上面的笔迹和残信中的笔迹大相径庭。经与第一历史档案馆收藏的一张普遍被认为是慈禧亲笔的便条进行比照,信封上的字与慈禧亲笔中一些字的笔画非常相似。

时隔不久,宋六则又给刘奇送来了一个牛皮夹子。这个皮夹子内侧有火烫表格,右侧印着帝后的生辰,要求注意庆贺;左侧则是他们的祭日,要求按时祭祀。经有关专家鉴定,残信信纸及皮夹子确出自大内。

不难想象,如果没有特殊原因,一个农民家庭是不可能有这些物件的。

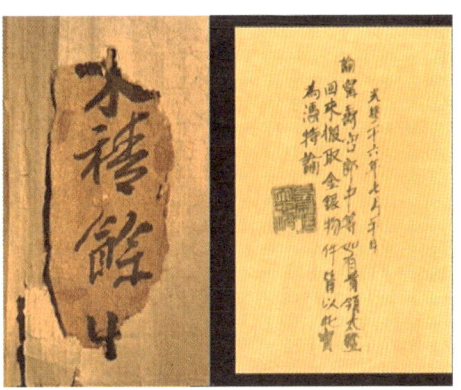

▲ 字迹比照，残信和信封上的字迹与慈禧代笔人缪素筠的字和慈禧亲笔颇为相似

▲ 残信用纸是以竹子和棉花为原料混合制成，为宫廷专用；皮夹子乃皮夹式帝后宗祀谱，光绪年间制品，符合清廷工规，亦为皇家之物

但仅凭这些，慈禧生于山西长治的说法还是不免令人产生怀疑。要使上述说法成立，还必须要进行更深层次的发掘。

四、疑点重重，尚待深考

于是，刘奇只得继续查阅、收集史料中记载及民间流传的有关慈禧的点点滴滴，试图从中找到能证明慈禧生于山西长治说法的间接证据。

刘奇先是在光绪二十八年的内务府《差务杂录》中查到，慈禧在祭奠她父母文书的下款程式中,称其父惠征为"先考惠二老太爷",称其母为"先妣惠二老太太"。而这样称呼亡故的父母,无论从礼法上还是习惯上都极为不妥;继而刘奇又通过查阅《清代十三朝宫闱秘史》《清宫二年记》《清稗类钞》之《孝钦后自述》篇及曾服侍过慈禧的太监信修明写的《老太监的回忆》等文献,发现慈禧不仅极不尊敬惠征夫人,而且还有大量类似抱怨其的言语。那么,慈禧为什么要这样对待自己的母亲呢?为什么会出现这些记录呢?难道因为慈禧不是惠征夫妇亲生,或者她真是生于乡间吗?

从民间流传的有关慈禧日常生活的喜好、为人处世细节中,刘奇也发现了慈禧似乎与山西、与长治有着千丝万缕的联系。

慈禧六十岁寿辰时,一个上党梆子剧团进京为她祝寿,慈禧非常高兴,并赐名"乐意班"。上党梆子所用语言的地方性极强,如果慈禧与长治毫无关联,她怎么会对晦涩难懂的上党梆子如此喜爱呢?

慈禧日常爱吃一种叫"团子"的食品。"团子"是长治地区老百姓爱吃的一种特有的食品。它是由玉米面混合黄米面做皮,包以豆沙和红枣馅蒸制而成的,家家户户在过年时都要制作。老人们常说,慈禧曾用长治人做御厨,专门为她做团子吃。据说,清宫御膳房流传下来的名吃"小窝头"就是由此演变而来。

长治地区现在还流传着很多关于慈禧的故事,不仅是听戏、食物,就是用人上慈禧也爱用长治人做御厨、奶妈、御前侍卫等。据说慈禧曾偏袒长治

内务府: 清朝管理宫廷事务的机构,为清朝特有,始设于顺治初年。职官多达3000人,比事务最繁的户部人数多十倍以上,是清朝规模最大的机关。其主要职能是管理皇家事务,如皇家日膳、服饰、库贮、礼仪、工程、农庄、畜牧、警卫扈从、山泽采捕等,还把持盐政、分收榷关、收受贡品。辛亥革命后,废帝溥仪仍居住在宫内,为皇帝服务的内务府也得以保留,直至1924年溥仪被驱逐出宫为止。

清稗类钞: 为清末民初徐珂编撰。汇辑野史和当时新闻报刊中关于有清朝的朝野遗闻,以及社会经济、学术、文化的事迹,上至顺治下至宣统,共92类13000余条,对研究清朝历史的学者有重要参考价值。

上党梆子: 山西四大梆子之一,流行于山西东南部。享有同蒲剧、晋剧同等历史的文化资格,是上党戏的代表剧种。上党梆子以演唱梆子腔为主,兼唱昆曲、皮黄、罗罗腔、卷戏,俗称"昆梆罗卷黄"。2006年经国务院批准列入第一批国家级非物质文化遗产名录。

▲ 剧种"上党梆子"和食品"团子"。慈禧为何会对这些长治"土特产"偏爱有加？似乎也从一个层面说明"长治说"并非空穴来风

犯官，提拔、重用长治人及汉族官员，照顾山西商人及汉民……

这些在长治广为流传的说法难道都是巧合吗？或许慈禧与长治确有割舍不断的缘分。

慈禧当政之时，中华民族历经劫难。作为决策者，慈禧的所作所为与她的脾气、禀性不无关系，而这些，都是自童年就开始形成。但是，由于童年历史的缺失，令历史难以还原一个真实的慈禧。史料的只言片语，也无法解答百年的疑问。

我们依旧不能停止探寻，慈禧究竟来自何方？

　　300多年的时光悄然流逝，威严的紫禁城依旧沉默不语。那段关于顺治皇帝死亡的历史，在时光的流逝中变得模糊不清。

24岁的顺治皇帝神秘死亡

　　究竟是什么夺走了一代天子年轻的生命，也许永远无法得到确切的答案。人们只能依靠着史料中的零星记载，尽可能去还原那段历史本来的面目。为了爱情遁入空门只是充满想象力的传奇，而顺治被炮毙于厦门则是一个似乎永远无法求证的谜。从各种史料和迹象推断，顺治死于天花的可能性最大，但这依然不是最终的定论。顺治神秘的死亡也许就在紫禁城的静默中永远被尘封了。然而，历史正是因为有了诸多难以猜测的谜题，才会显得如此耐人寻味。

一、顺治为什么会突然死亡

　　清顺治十八年（1661）正月初六。这一天，新年的欢乐祥和还笼罩着整个京城。然而，此时此刻的清宫，却看不到丝毫节日的喜庆。子时，深宫传出了一个令人震惊的消息：年仅24岁的顺治皇帝在养心殿驾崩。

　　就在顺治驾崩后的第三天，也就是正月初九，一个不满8岁的孩子战战兢兢地坐在紫禁城金銮殿的宝座上。这个叫作玄烨的孩子，就是后来威名赫赫的康熙大帝。

皇宫中很快恢复了平静，但是让人们迷惑的是，24岁的顺治皇帝，一向身体强健，从未听说有什么疾病缠身，为什么会突然不治而亡？

对于顺治皇帝的死亡，《清世祖实录》中的记载异常简短："丁巳，夜，子刻，上崩于养心殿。"清朝史籍对顺治皇帝的日常活动有着详细的记载，在《清史稿·世祖本纪2》中，光是顺治到南苑狩猎的记载就多达22次。相比之下记录顺治死亡的文字，无疑是少得可怜，只有短短11个字。为什么顺治的日常活动能有如此详尽的记载，而关乎生死的大事，却以寥寥数字

养心殿：明嘉靖年建，位于内廷乾清宫西侧。在康熙年是宫中造办处的作坊。自雍正帝居住后，造办处作坊遂逐渐迁出内廷，此处即为清朝皇帝的寝宫，至乾隆年改建，成为一组集召见群臣、处理政务、皇帝读书、学习及居住为一体的多功能建筑群。

康熙大帝（1654—1722）：即清圣祖玄烨，清入关后第二代皇帝。8岁时继位。改次年为康熙元年（1662）。他自幼苦读，好学不倦，身体强健，骑射娴熟。14岁亲政，在位61年，一生勤奋治国，是清朝颇有作为的皇帝，也是中国历史上一位杰出的封建君主。

《清世祖实录》：简称《实录》，是由继位的皇帝组织人员，依据各种文书档案，按照年月日的顺序，为去世的皇帝编写的事实记录。清世祖章皇帝爱新觉罗·福临，1644—1661年在位，"世祖"是他的庙号，也就是他去世后在太庙被立室奉祀时所起的名号。

◀ 孝庄文皇后常服像

▲ 顺治皇帝朝服像

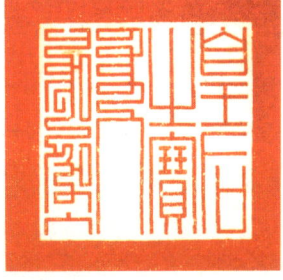

▲ 皇后之宝和印模

敷衍了事，更让人们费解的是，对于顺治皇帝的死因，清宫档案中竟然只字未提！

300多年的时光悄然流逝，威严的紫禁城依旧沉默不语，那段关于顺治死亡的历史，仿佛就在这样的静默中被永远尘封了。

中国第一历史档案馆： 是专门保存明清两朝中央国家机关档案及皇室档案的国家级档案馆，坐落在北京故宫西华门内。1925年10月10日，故宫博物院下文献部即是其前身。后依次改名为文献馆、档案馆。1955年12月，改称第一历史档案馆。1980年4月，改现名。

二、关于顺治皇帝死因的多种说法

有关顺治皇帝的死因，史料中存在太多疑点。李国荣是中国第一历史档案馆清宫档案研究专家，他决定从尘封多年的历史档案中，解开这个困扰史学界多年的谜题。

24岁的顺治皇帝神秘死亡

李国荣："记载顺治皇帝生平活动的《清世祖实录》中有一段关于顺治死前的最后记录：顺治十八年正月初一，顺治帝免去群臣的朝贺礼仪，而且祭祀太庙的仪式，也委派官员前往。壬子日，也就是初二这天，顺治皇帝感到身体不适。"

李国荣："其中谈到，顺治患病是在顺治十八年正月初二。那么从初二到初六，这短短的几天时间里顺治的病情急剧恶化，到初六，已是'大渐'了。'大渐'这个词，在古代是专指帝王病重病危的，那么皇家档案里出现这样的字眼，说明顺治确实是病入膏肓。另外，在初六这天，朝廷还传出谕旨，说是除了十恶不赦这样的大罪之外，其他的死囚各类罪犯一律释放，想以此来为顺治消灾祈福。这也从一个侧面说明，顺治到初六这一天，病得已经是相当严重了。"

也就是在记载顺治大渐的初六夜里，深宫就传出了顺治驾崩的消息。

《清世祖实录》作为记录顺治皇帝生平最权威的档案，在漫长的清朝统治时期，被专门保存在皇史宬的金匮里。别说平民百姓，就是朝中的文武大臣，不经特许，也很难看到片纸只字。在那段历史已经远去的今天，探索顺治死亡的真相就是从这里开始。然而此时，一个无法回避的疑问摆在了面前。《清世祖实录》中用了200多字记载了顺治死前的活动，而描述他的死亡却仅有包括时间、地点的11个字，除此之外再也找不到任何线索，这究竟是为什么呢？

《玉牒》是清朝皇室家谱，从努尔哈赤的父亲塔克世开始，记录了清皇族每位成员的世系的表述，并且详细记录各人的婚姻和生卒情况。然而，关于顺治皇帝的死亡，《玉牒》中也仅仅只是记录了时间，对于顺治皇帝的死因依然是避而不谈。

《玉牒》：即清朝皇帝家谱。它从努尔哈赤的父亲塔克世开始记录。塔克世子孙后代这一支，称"宗室"，使用黄色；塔克世兄弟的子孙各支，称"觉罗"，使用红色，而且在家谱格式上，分"横格"和"竖格"两种版式。横格版只记录世系，竖格版还详细记录该人的生卒和婚姻。

李国荣："顺治皇帝得病，从初二到初七，短短的五天时间就命丧黄泉了。由此可见，他得的不是寻常之病。可是让人

▲ 伪造的遗诏

感到疑惑的是，档案中的记载只是说顺治身体不适，而对具体的病因病症却只字未提，这样就给后人留下一个猜不透摸不着的谜。"

顺治究竟是患上了什么可怕的病症去世？疑问萦绕在李国荣的脑海中挥之不去。而同样让人费解的，是顺治临死之前留下的遗诏。这份遗诏又叫罪己诏，一直以来倍受争议。因为在整篇遗诏中，充满了顺治皇帝的自责，经营殿宇靡费甚多，身处深宫御朝绝少，自恃聪明不肯纳谏，前后开列了多达14条的朕之罪。

为什么顺治会对自己平生所为如此内疚自责？这样的自责似乎很不符合一代天子离开人世时最后的心情，这其中究竟又隐藏着什么呢？

关于顺治的遗诏，在民间有这样一种说法。相传，顺治皇帝迷恋上了一位江南名妓董小宛，而顺治的母亲孝庄皇太后对此极为不满，设计害死了董小宛，顺治悲痛欲绝，最终不治而亡。为隐瞒事件真相，在顺治皇帝驾崩后，孝庄假借顺治之名，伪造了遗诏。

对于这种传说，北京社会科学院的清史专家阎崇年提出了自己的看法。

阎崇年："民间有个传说，就是董小宛是冒辟疆的妾，是江南八大名妓之一。诗书琴画样样精通，长得非常娇美动人。有一种说法是清兵南下的时候打到南京，就把董小宛俘虏了，俘虏以后就带到了北京。"

阎崇年（1934—？）： 北京社会科学院满学研究所所长、研究员。北京满学会会长。论文集有《满学论集》《燕史集》《袁崇焕研究论集》《燕步集》共4部；主要满学、清史著作有《努尔哈赤传》《古都北京》《天命汗》等16部。曾多次出国参加国际学术研讨会。

冒辟疆即冒襄（1611—1693）： 字辟疆，号巢民，明末清初文学家。与侯朝宗、方密之、陈贞慧并称四大公子，是缔结复社的骨干。明亡后他效法阮籍，陶渊明"结庐乡国"，追忆向之所历者，营造园林，陶然自得。一生著述颇丰，传世的有《先世前征录》《水绘园诗文集》《影梅庵忆语》等。

24岁的顺治皇帝神秘死亡

传说中，董小宛美艳惊人，才艺兼具，入宫后深得顺治的宠爱，最终被顺治立为贵妃，也就是后来人们所说的董鄂妃。一代名妓成了皇贵妃，这引起了孝庄皇太后的不满，于是孝庄设计害死了董小宛。

阎崇年："董小宛死了之后，顺治受了很大的打击，痛不欲生，寻死觅活，据说太后曾经派人看着他，免得他自杀。"

让人们没有想到的是，董鄂妃死后刚过百天，宫中就传出顺治驾崩的消息。短短一百天里，贵妃去世，天子驾崩，为什么这一切如此巧合？就在顺治死后，当时一位很有名气的诗人吴梅村，写下了一首《清凉山赞佛诗》。然而，一些文人学者在诠释这首诗的时候，发现此诗迷离恍惚，字里行间似乎不仅仅是在赞佛。

吴梅村在诗中写道："陛下寿万年，妾命如尘埃。愿共南山椁，长奉西宫杯。"在朝中任职的吴梅村，深知朝廷内情，又不敢明言，于是将一些不为人知的事情，用隐晦手法记入诗中，因此后人称他的诗为史诗。当时顺治皇帝与董小宛的故事传得沸沸扬扬，人们不免猜想，吴梅村在诗中所写的陛下，会不会就是顺治皇帝。

此外，诗中还有这么一句："王母携双成，绿盖云中来。"据《汉武帝内传》所载，双成全名叫作董双成，是传说中王母娘娘的侍女。那么，这里的双成暗指的又是谁呢？《清凉山赞佛诗》中还写道："可怜千里草，萎落无颜色。"千里草——草下千里重叠，这分明是个"董"字。

联想到诗中提到的双成，全名叫董双成。而千里草影射的又是个"董"

吴梅村即吴伟业（1609—1672）：字骏公，号梅村。崇祯朝进士，复社成员，江左三大家之一。其记事之作，学长庆体而自成新吟，后人称之为"梅村体"。早期作品风格绮丽，明亡后多苍凉激扬之音。尤善七律和七言歌行。《圆圆曲》《楚两生行》等较有名。又工词曲书画。著有《梅村家藏稿》等。

《清凉山赞佛诗》：即吴梅村《清凉山赞佛诗四首》。它们讲述五台文殊台上，明月池边，顺治皇帝与董鄂妃缠绵的爱情故事。秀丽的五台风光，空灵的佛禅意境，迷蒙的寺庙月色尽入诗中。该诗清新隽永，荡气回肠，被后人评为最精彩的赞咏五台山的作品。

《汉武帝内传》：志怪小说1卷。旧本（明朝始）题汉班固撰。记汉武帝初生至崩葬始末，而于武帝斋戒见西王母、受神仙不老术事特详，颇多无稽之谈，但文字华丽。书中描写西王母乘紫云车降临的场面，尤其热烈，有声势。后人考证也许是出自六朝文人之手。

字，人们更加确信诗中的妾，指的就是董小宛。而陛下，无疑就是深爱着董小宛的顺治皇帝。如果吴梅村诗中确实以千里草和董双成的典故暗指顺治与董小宛之间的爱情，那么，他会不会也深知顺治死亡的真相，而用影射的手法将此写入诗中？

反复研读吴梅村的诗句，人们对其中的一句诗，百思不得其解："八极何茫茫，日往清凉山。"据吴梅村笔记记载，诗中的清凉山，指的就是佛教圣地五台山，那么联系上下文来看，吴梅村是否在暗示，顺治皇帝并没有真的死在宫中，而是退位前往五台山出家了。

李国荣："根据清宫内国史院满文档案记载，顺治皇帝14岁那年，也就是顺治八年的冬天，他在遵化打猎的时候，认识了一位在山洞内静修的法师，法号叫别山。也就是从这以后，顺治就与佛教结下了不解之缘。"

顺治十四年，在太监的精心安排下，20岁的顺治在京师海会寺，同高僧憨璞（pú）聪见面。

此次会面，两人相谈甚欢。憨璞聪对佛法的阐释深深触动了顺治。从此，顺治对佛教产生了浓厚的兴趣。

李国荣："有一次顺治对来到北京的宁波天童寺的主持木陈忞说：'朕猜想朕的前身一定是个僧人，所以现在一见了佛家寺院，就不想再回到皇宫了。要不是怕皇太后惦念，朕早就出家了。'"

顺治崇佛已久，而且早有出家之意，董鄂妃死后，他曾经一度伤心欲绝，无心朝政，病逝于

海会寺： 海内海会寺共有五处。京城南方的海会寺创始于嘉靖年间，又在万历年间由慈圣太后增修，明末遭焚，在清顺治十三年由京城人士复兴，并招憨璞性聪为住持，宗风大振。次年，性聪被招入内廷，赐为明觉大师。逢此机会，堂塔焕然一新，三年后全部竣工。

憨璞性聪（1610—1666）： 憨璞是号，聪是名。禅宗和尚往往号、名并用，名的上一字是行辈字派，常被省略。所以也可简称为憨璞聪。他十八岁出家，顺治十三年（1656）5月，受聘请，担任京师城南海会寺的住持，后数度被召进宫，是与顺治接触时间最久的一人。

木陈忞（1596—1674）： 即木陈道忞，起初修习儒学，仕宦后，阅读大慧宗杲的语录，即在庐山开先寺碧眸智明处披剃。后以父母执意，还俗结婚生一子，27岁时再度出家，依憨山德清受具足戒。之后四方参访，拜天童山圆悟为师，并继法席。清顺治十六年被封为"弘觉禅师"。

养心殿也许仅仅是个对外托词，顺治并没有死，而是遁入空门，削发为僧了。据《起居注》记载，康熙即位后不久，孝庄皇太后曾多次带着他上五台山礼佛。此类活动本可以在北京举行，可他们偏偏不远千里来到五台山，而且这样的活动不只进行过一次。如此看来，顺治在五台山出家修行，也许才是隐藏在礼佛背后的真相。而这也就恰恰能够解释吴梅村在诗中所写的"日往清凉山"。

阎崇年："庚子之变的时候，慈禧太后西逃，她叫西巡。到了山西北边的时候，当地要接待她，当时的物质条件比较差，器具不够，就从五台山借了一些用具。有人说那些用具跟宫廷用具

《起居注》： 是一种类似日记体的史料，记载帝王言行的档册。其体例起源很早，周朝已设左史、右史之职，汉武帝有禁中起居注，唐朝有创业起居注。以唐宋的记注最为详备，为修史的重要依据；元明以后，制度虽存，而记载渐趋简单，价值大不如前。

庚子之变： 即八国联军攻陷北京的事变。1900年（即庚子年），英、美、法、德、俄、日、意、奥8国，借口镇压义和团，组成侵华联军，于8月14日攻陷北京，大肆烧杀抢掠，践踏中国主权。后清政府全盘接受其《议和大纲》，签订了丧权辱国的《辛丑条约》。

▲ 顺治帝亲笔御书"敬佛"

▲ 看破红尘，出家为僧

相似，可能是顺治当年用过的。"

康熙、孝庄的五台山之行，神秘的御用器具，民间关于顺治与董小宛爱情的传说，这一切都在印证《清凉山赞佛诗》中迷离的影射。如果将这些细节综合起来，关于顺治死亡之谜似乎可以还原成这样的一个过程：孝庄害死了董小宛，顺治心灰意冷之下，以病逝为托词，到五台山出家为僧。而孝庄唯恐此事为天下人所知，于是便假借顺治之名，伪造遗诏。遗诏中的种种自责，无疑也就是孝庄强加给顺治莫须有的罪名。

遗诏不是出自顺治本人，而是孝庄所写。对于这样的说法，李国荣却持有不同的意见。因为从顺治的感情基础和思维方式分析，遗诏中的自责并非不合情理。

李国荣："顺治这个满族出身的皇帝，在他入主中原以后，面对着这片土地和臣民，面对着这里的生活和文化一切都感到陌生。那么他要当好皇帝，实施有效的统治，又必须尽量去熟悉与适应这一切，甚至背离他自身原有的一些传统习俗。这就使顺治皇帝陷入一种困惑与矛盾之中，乃至于在他内心深处常常有几分自责的成分。"

顺治亲政之后，多次召见了德国传教士汤若望，并向他学习天文和物理知识。在这个过程中，顺治受到汤若望的影响，曾经一度笃信基督教，形成了感恩所得、自我忏悔的性格。在位期间，他屡次下诏自责，并要求各种文书不能称自己为"圣"。既然遗诏的内容在情理之中，那么遗诏又是怎么撰拟的呢？

汤若望（Johann Adam Schall von Bell，1592—1666）：神学家和历史学家。生于德国科隆，1611年在罗马入耶稣会。1622年由澳门进入中国传教。1631年奉召与徐光启等合译历书，赐名《崇祯历书》。入清后，并将之改编成百卷。以《西洋新法历书》进呈，为我国近代大规模译介西方科学知识之始。

李国荣："顺治朝的翰林院学士王熙曾写过一部《自撰年谱》。在这部年谱中王熙谈到，在顺治十八年正月初六这天，他被召入养心殿，在聆听完顺治帝旨意后，便到这个乾清门起草遗诏。"

顺治的这份遗诏，是御前大臣们三次修改，三次进呈，顺治皇帝则是在病榻上咬着牙三次过目钦定。

24岁的顺治皇帝神秘死亡

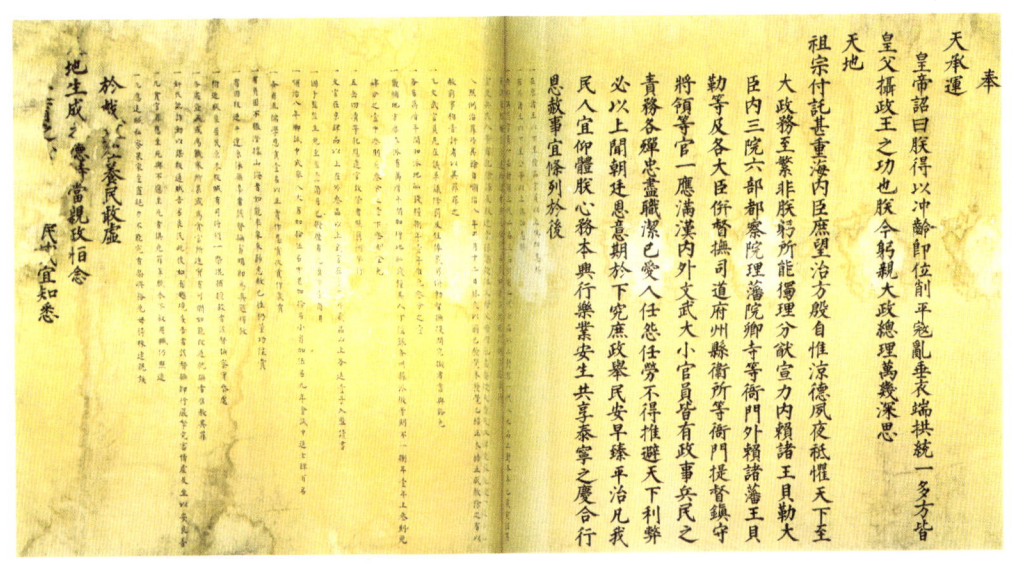

▲ 顺治帝亲政诏书

在王熙的《自撰年谱》中,李国荣意外地发现了关于顺治死因的线索。

李国荣:"翰林院学士王熙在他的年谱中写到在他应召进入养心殿以后,病榻上的顺治帝对他说朕得了痘症,恐怕是好不了了。"

所谓的痘就是天花,顺治皇帝从患病到驾崩,只有五天的时间。他的病症与天花病极为相似。史学专家们认为顺治皇帝很有可能就是得天花病死去的。

王熙在《自撰年谱》中的记载,让人们不得不将怀疑的目光投向顺治出家的说法。年谱中明确提到顺治身患天花,卧床不起,那么民间为何又会传言顺治为了董小宛到五台山出家?

就在重新审视之后,顺治出家的说法又有疑点浮出水面。

董小宛的丈夫——冒辟疆在《影梅庵忆语》中详细追忆了自己和董小宛的相识:己卯初夏,他和董小宛第一次见面。己卯——也就是明崇祯十二年,这一年董小宛16岁,而顺治才两岁。

> **天花**:是由天花病毒引起的烈性传染病。感染后会出现高烧、疲累、头疼,及背痛等症状,死亡率高达30%。最初出现在古埃及,到18世纪,欧洲死于天花的总人数达1.5亿人。孙思邈曾创鼻苗种痘法,18世纪真纳发明种牛痘法,明显降低了发病率。

阎崇年： "就在董小宛14岁正红的时候，顺治皇帝才刚出生。该到顺治14岁亲政的时候，她已经28岁了。史书上有记载，笔记上也有记载，就是到顺治娶董鄂妃的时候，董小宛早已经死了，不在人世间了。他们俩怎么结合呢？"

董鄂妃并非董小宛，孝庄也就不可能像传说中所讲，因为看不惯一代名妓成为贵妃，而设计害死董鄂妃，那么为什么顺治出家的传说会在人们的口口相传中被演绎得如此具体生动？

阎崇年： "董鄂妃成为顺治的爱妃之后，生下一个儿子，就是皇四子，死了。董鄂妃非常悲痛，日夜啼哭，因伤成疾，不久就死了。"

爱妃辞世，留给少年天子无尽的哀思。顺治万念俱灰，决心遁入空门。顺治十七年十月，高僧茚溪森为顺治在万善殿举行了皈依佛门的净发仪式。在僧人传记《续指月录》中，李国荣找到了记载顺治净发出家的文字，然而之后的记载却将故事引向了出人意料的结局。

李国荣： "顺治皇帝剃光了头发要出家了，这一消息立即震惊了皇宫内外。当然最着急的要算是皇太后了。她火速叫人把茚溪森的师傅玉林琇召回京城。"

据《续指月录》记载，玉林琇到北京后，听说弟子茚溪森为顺治剃发，当即叫人架起柴堆，要烧死茚溪森。顺治得知这件事情后，无奈之下只好决定蓄发留俗，不再出家。这么说来，传说并非空穴来风，顺治的确曾经削发为僧，只是他的出家最终并没有成行。

就在顺治重返皇位的两个月后，正当京城张灯结彩，准备迎接新春到来的时候，深宫传出了顺治染上天花的消息。5天后，年仅24岁的顺治皇帝驾崩于养心殿。

从种种史料和迹象推断，顺治患天花而去世，这似乎是最接近真相的答案。但是令人费解的是顺治患病去世，应该属于正常死亡。然而清宫档案为什么对顺治的死因只字未提，讳莫如深，难道顺治死亡的背后还隐藏着什么不可告人的秘密？

清东陵，位于河北遵化，是清朝皇帝主要的陵园之一。顺治死后，朝廷依照他的遗嘱，就将他葬在了这里。

清东陵：位于遵化市西北昌瑞山南麓，是我国现存规模最大、体系最完整的帝王后妃墓群，埋葬着顺治、康熙、乾隆、咸丰、同治、慈禧和众多传说的香妃。据说该地原为明崇祯帝选中，但因天下大乱，未能动工。清顺治帝死后，即选建。另说为顺治帝打猎时选定的。

李国荣："清东陵这块风水宝地，是顺治14岁那年的冬天，在打猎的过程中，发现并确定下来的。应该说呢，这是一次很特殊的打猎活动。因为皇帝行围打猎，一般都是在秋天举行，而这次呢，却偏偏是在冬季。"

事实上，这次行猎不过是一个堂皇的托词。顺治八年冬天，京城天花大爆发，死亡的阴影笼罩皇宫，顺治不得不远离京城，来到遵化一带的山野之中。名为行猎，实为避痘。一代天子，竟为天花所迫，不得不离开皇宫，将自己放逐于北方的寒山冻水之间。

阎崇年："天花，现在我们大家都知道，是一种传染性很严重的病，而且死亡率比较高。特别是满族入关之前，他在山海关外当时是地广人稀，疾病传播的机会相对少一些。满族入关之后，到了中原地区，细菌传播就比较厉害。另外，他们刚进关，水土也不服。顺治进关才18年，时间比较短，很容易传染上这种天花的疾病。"

顺治十八年正月初九，不满8岁的康熙坐在了紫禁城金銮殿的宝座上。而康熙之所以能坐上今天的龙椅，一个很重要的原因是因为他已出过天花，对这种可怕的疾病终身免疫。对于天花，当时的人们几乎是谈之色变。为了不引起

▲ 顺治帝陵寝图

朝野的恐慌，清朝正史中有意隐去了顺治死于天花的事实。

这是顺治年间，一个叫张宸的官员所写的个人笔记，书中这样记载，正月初七这一天，也就是顺治驾崩的第二天，朝廷在传谕大赦的同时，还传谕民间不许炒豆，不许点灯，不许倒垃圾。

李国荣："'不许炒豆，不许点灯，不许倒垃圾'，这些禁忌只有在皇帝'出痘'的情况下才会出现。京城内外出现了这样的情况，与翰林院学士王熙的《自撰年谱》中所记载也是基本吻合。所以呢，可以推断顺治皇帝就是因为天花死去的。"

史料的研究结果，几乎倾向了顺治死于天花的说法，这样的说法似乎能够消除所有的疑点，但是为什么几百年来，对于顺治的死亡，依然还有那么多的猜度和怀疑呢？

王戎笙是中国社科院明清史研究专家，他曾经发表了一篇关于顺治遗诏的学术论文，从而引发了历史学界对顺治死因的再度关注。

王戎笙："我看过现代医学和古代医学关于天花的介绍，在古代医学方面，比如说康熙朝有一个人叫张璐，他有一本书叫《张氏医通》。这里面讲了天花的症状是非常之多，在很多地方都讲到了。"

在《张氏医通》中这样描述天花的症状：痘疮将出必先发热。痘疮成浆之时精神倦怠，神思昏沉，不省人事，呼之不应，自语呢喃，如邪祟状。

王戎笙："就是发高烧，当然他不会说多少度。发高烧、昏迷、人体抽搐这些症状。反正是说话的时候，胡说，那是昏迷的一种表现。我们说，顺治是患了天花，而且是很重的一种天花。发高烧发到39或40度，这个人就没有很严密的逻辑思维，他就不可能去回顾自己在过去十年当中做了一些什么事情。哪些做得对，哪些做得不对，这是做不到的。"

既然顺治染上天花，临死前必定陷入昏迷状态，那么为什么在遗诏中，顺治又异常清晰地为自己开列了十四条罪状呢？

王戎笙："另外，他要解决当时一些很大的难题。这些难题，首先就是选一个接班人来接位当皇帝，选的是玄烨，就是康熙，当时他还很小，只有8

岁。8岁的孩子必须有辅政大臣，要找一些跟多尔衮没有关系的人，因为多尔衮是辅政王权力大。要跟多尔衮没有关系的人，这个在逻辑思维上不严密，头脑不清醒的话是很难做到的。他必须要解决这个问题，而且要很快地解决，必须写到遗诏里面去。所以我认为，这就不是一个天花病人所能做到的。"

王戎笙的分析有理有据，但是在学士王熙的《自撰年谱》中，我们看到这样一段记载：初六这天，王熙应召进入了养心殿。聆听完顺治帝旨意后，便到乾清门起草《遗诏》。最后，御前大臣们三次进览，顺治三次过目钦定。

从天花的病症推断，顺治临死前根本不可能神志清醒，也就根本不可能亲自口授遗诏。那么，王熙在《自撰年谱》中所记载的，顺治临死前口授遗诏，开列自己的十四条罪状，甚至在很短的时间内解决谁来继位和辅政大臣两大难题，这些事情又究竟该如何解释呢？

王熙在《自撰年谱》中记载，顺治是在初六午夜，也就是初七清晨子时驾崩的。而据《平圃杂记》所载，张宸是在初八上朝时，才得知顺治驾崩的消息。

王戎笙："都说是病死或者是天花死，但是时间上不一致，这就是一个疑点。"

不仅顺治驾崩时间的记载相差了整整一天，顺治哪一天得病，史料上的记载也有一些自相矛盾的地方。《清实录》中记载，壬子，也就是初二那天，顺治感到身体不适。《平圃杂记》中却说，初二，顺治到悯忠寺看太监吴良辅剃度。而据《自撰年谱》记载，王熙初一到初三连续三天进宫请安，但是都没有说顺治生病。而且初三这天，顺治还和王熙讨论事情。

天花发病初期，体温急剧上升，之后便是神思昏沉，不省人事。如果顺治真的染上了天花，那么他就不可能在初二发病初期，冒着高烧到悯

《清实录》："实录"是南北朝以后我国编年史著作的一种体例。由史官于皇帝死后按年月日顺序记载他在位时期言行事功的流水账簿。《清实录》全名《大清历朝实录》，共4433卷，约4400万字。就字数和篇幅来说，它是少数几种大宗清史资料来源之一。

忠寺看太监吴良辅剃度。就算是回来之后才发病,第二天,恐怕也很难在就关系重大的事情和王熙谈论。而且让人们感到费解的是,为什么王熙对于讨论的内容,仅仅用了"俱不敢载"四个字简单带过。如果说王熙没有什么不可告人的苦衷,为什么他要如此遮遮掩掩,闪烁其词?

究竟是为什么,史料在这么多关键之处的记载,会有如此之多异常明显的出入,这似乎很难用记述者的失误来简单地下结论?会不会是顺治皇帝的死亡另有隐情呢?

三、顺治真的死于郑成功的炮轰吗

1992年,一个普通的下午,居住在厦门的郑万龄,在家中整理父亲留下的遗物。郑家是郑成功的后代,郑万龄的父亲去世后留下不少和先族相关的书籍。然而,就在整理的过程中,一本书吸引了郑万龄的注意……

郑万龄:"我看到的这本书是《延平王起义实录》,已经很旧了,感到这个书肯定很珍贵。"

郑万龄发现的手抄本《延平王起义实录》。延平王,是南明永历皇帝为奖赏郑成功抗清有功,而赐给他的名号。这本书以日记的形式记载了郑成功的戎马生涯,

从1912年抄写到如今,将近一个世纪,除了主人,从来就没有人知道过它的存在。

郑万龄:"郑雨春是我爷爷的名字,那本《延平王起义实录》就是我爷爷委托学校一个老师,叫郑叔成抄的。"

《延平王起义实录》一直由郑万龄的爷爷郑雨春保存,直到去世才传给郑万龄的父亲。手抄本前页"不可东移西借"的训诫,让它时至今日

郑成功(1624—1662):原名郑森,字明俨,号大木。后由南明唐王隆武皇帝赐国姓朱,名成功,故又称国姓爷。1657年底,南明永历帝封他为延平郡王。郑成功为明朝最后一个强调反清复明的官员,驱赶走当时占领台湾的荷兰人,并且流传下极富传说色彩的古迹和故事。

《延平王起义实录》:手抄本,有280页,共计近6万字。全书以日记形式记载郑成功的一生。全书记载的时间跨度近40年,涉及了郑成功祖孙四代。经研究,该手抄本主要根据4种著述辑录而成:即《海外孤忠录》《先王实录》、郑氏部属察言司蔡济的呈稿、郑氏的家传。

才迟迟浮出水面。2004年4月20日,《厦门晚报》的头条新闻吸引了无数的目光。顺治被郑成功毙于厦门,这个惊人的消息就是来自郑氏家族祖传的手抄本——《延平王起义实录》。

《延平王起义实录》有着这样一段记载:有人密报郑成功,高崎之战中,顺治皇帝在厦门思明港被炮击没,清军将领达素不敢对外公布这个消息。

洪卜仁:"我当时看了《延平王起义实录》,这本书的手抄本是从张宗洽先生家里看到的,我当时看了这本书,感觉到很惊奇。因为它有一些说法,是以前我们在接触郑成功史料时所没有发现的。当时也这样想了一下,这有可能吗?"

顺治被郑成功炮毙于厦门,惊人之言的出现让专家们的目光聚集在《延平王起义实录》。就在研究考证的过程中,专家们发现手抄本上还有一段关于太师郑芝龙被害内幕的文字,其中再次提到顺治帝死因:太师郑芝龙降清后,屡次写信劝儿子郑成功投降都以失败告终,但顺治并未将他治罪。

洪卜仁:"这一次战役以后,因为顺治死了,死在筼筜港,死在厦门。所以呢,在清朝大臣里面跟郑芝龙有矛盾的人就利用这个机会向新的皇帝也就是康熙皇帝告状,他说,人家可以打死你的父亲,指的就是郑成功打死顺治。那你为什么就不能把郑成功的父亲处死来报这个杀父之仇?康熙听了好像很有道理,所以也就把郑芝龙全家十几口给他处死了。"

2003年8月,一封来自厦门的信摆在了清史专家何龄修的桌前,让何龄修没有想到是,这封信给他带来了顺治被炮毙于厦门这个令人震惊的消息。

何龄修:"我看了这个信以后,就感到特别的惊讶。因为两百年来,没有看见过这样的记载。这个书是《延平王起义实录》,是民国二年作的。等于清朝灭亡以后,这个书才出来,这太不可思议了。"

然而这个对于历史学家来说不可思议的说法,在厦门却早有相关的传说。厦门海域,有一种很奇特的鱼。因为肚子里面没有鱼鳔,被人们称为无鳔江鱼。民间传说,明末清初,郑成功据岛抗清,顺治皇帝御驾亲征,来到厦门。郑成功的部队沿岸与清军激战。就在这一次的激战中,顺治皇帝被郑成功炮轰而死。

洪卜仁："皇帝死了，顺治跑哪里去了？就沉到江底。江鱼是厦门筼筜港的特产，鱼很小，本来是有鳔的。据说从这以后，所有筼筜港的江鱼就没有鳔了。厦门有一句民间俗语'江鱼食皇帝肉，畅快无鳔。'就是说它太高兴了，能够吃到皇帝肉，连那个鳔都不要了。这是一个传说。"

这个笼罩着浓郁神话色彩的传说，在人们的口口相传中已经变得模糊不清，顺治皇帝真的死在厦门海战当中了吗？

洪卜仁："我认为顺治是可能亲征的。根据在哪里呢？因为郑成功攻打南京时，顺治就曾经表示要去亲征，后来听说南京已经解围了他才取消。"

清兵统帅达素之死，也存在着颇多疑点。《延平王起义实录》中称，顺治被炮毙后，达素畏罪自杀。在今人研究郑成功的另一部重要史料——《海上见闻录》中，也有类似的记载：十月，清调达素回京问罪，达素在省吞金而死。如果这个记载属实，那么究竟是什么原因，逼迫达素选择了这条不归路？难道仅仅只是因为一场败仗？

何龄修仔细研究了厦门文史专家提供的种种史料，不禁陷入了沉思。顺治皇帝被炮毙于厦门，这种惊人的说法毕竟只是存在于一份手抄本中，除此之外再也找不到其他相关凭证。

《海上见闻录》：阮旻锡撰。书共2卷，以南明诸王及台湾郑氏相关事件为记述中心，编年记事，始自1644—1683年，记载自明崇祯帝亡、福王即位南京，至郑克塽降清赴京、冯锡范与刘国轩受封止。因作者为郑成功故吏，故对郑氏之事知之颇详。

《先王实录》：即《延平王户官杨英从征实录》。杨英是郑成功麾下所设置的六官之一，称户官，职掌粮秣簿籍，追随郑氏十余年。书中对行军筹饷、人事等记载甚详，且材料均录自各科案卷和书牍，是研究郑氏事迹不可少的原始资料。

何龄修："我对这个炮毙顺治帝的说法，最早的最简单的检查方法就是看当时人有无这方面的一点线索。所以，我先看了杨英的《先王实录》，这是讲郑成功事迹的，这里没有记载。郑成功本人在出兵恢复台湾之前，有一次讲话，他讲话也只提到去年虽胜鞑虏一阵，就是说打败达素军队一阵，并没有说打死了顺治。"

为什么郑成功对这样一件重大事件从未提及呢？不仅如此，南明大臣张煌言在给永历皇帝的所有奏报中，也从来就没有过关于顺治被郑成功炮毙的片纸只言。

何龄修："按道理说，打死顺治皇帝是一个很大的功劳。天大的功劳，却没有被提到，就说明当时人并没有这种说法。"

顺治十七年，清朝将领达素带领清兵抵达厦门，之后便开始了和郑成功军队的激战。

何龄修："交战是四月，打得比较厉害、比较激烈的是五月，如果顺治被炮毙的话，不能超过五月，五月以后没战事了。顺治十八年，新皇帝才即位，中间的空缺达到了半年以上。这个非常危险的时机，叫权力真空。"

皇位虚悬半年，权力真空必将导致政治混乱，这种情况在极权统治的封建王朝根本不可能发生。如果顺治真的是在五月份被郑成功炮毙于厦门，为什么康熙没有马上即位，而是足足过了半年才举行登基大典，留下权力真空如此之大的隐患，素来深谋远虑的孝庄皇太后会这样处理吗？

《延平王起义实录》带给专家们的，依然是一片茫然和疑惑。顺治是否御驾亲征来过厦门？是不是真的死于郑成功的炮轰？除了一份家传的手抄本和一个遥远的传说，专家们再也找不到任何有力的佐证。也就是在这个关键问题上，答案的迷失让顺治死于厦门的说法成为一个无法解开的谜。

1908年11月14日傍晚，38岁的光绪皇帝在冰凉寂静的中南海瀛台涵元殿，满含悲愤离开人间。

光绪之死

光绪三十四年11月14日傍晚，光绪皇帝驾崩的消息被送到宫中，举朝震动，王公大臣们没想到这位正值壮年的皇帝会突然死去。光绪无后，没有确立皇位继承人，人们不免为未来政局的走向感到担忧。

这时的慈禧虽然重病在身，但仍然在仪鸾殿的病榻上发布了懿旨："以摄政王载沣之子溥仪入承大统，为嗣皇帝。"这样，溥仪根据慈禧太后的旨令，成为清朝的末代皇帝，也就是宣统帝。

溥仪的父亲载沣是光绪的同胞弟弟。载沣承袭了父亲醇亲王的爵位，并在慈禧的扶植下当上摄政王。安排溥仪即位，慈禧就是将国家人事、朝纲权柄都交到了载沣一人的手里。

慈禧太后的安排暂时稳定了宫内出现的混乱状态。人心逐渐安宁，一切事情都开始按照祖宗章法，有条不紊地进行。第二天，年仅3岁的溥仪，以大清国皇帝的身份，来到光绪宾天的中南海瀛台涵元殿，看视光绪皇帝遗体

> **爱新觉罗·溥仪：** 字耀之，号浩然。曾是清朝皇帝和满洲国皇帝，是中国历史上最后一个皇帝，辛亥革命以后，被袁世凯逼迫而宣布退位。抗战时由于充当日本扶植的满洲国皇帝，被定为战犯，后被国家主席毛泽东特赦，成为中华人民共和国公民，后担任第四届中国人民政治协商会议全国委员会委员。1967年在北京死去。

▲ 光绪皇帝

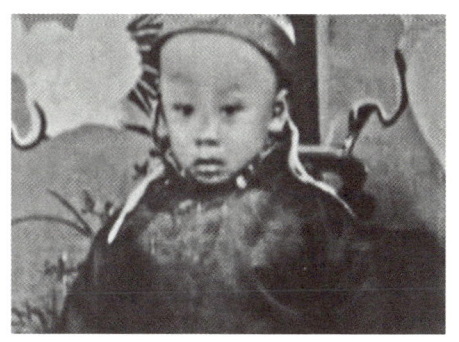
▲ 幼年溥仪

▲ 摄政王载沣

大殓仪式后，护送光绪遗体停放到乾清宫西配间。大殓结束后，光绪的灵柩被移至乾清宫正殿安放。

据中国第一历史档案馆编研部主任李国荣介绍，光绪皇帝8点多钟从中南海涵元殿抬入乾清宫，9点多钟就入殓，没有像其他皇帝死后那样，在乾清宫停尸一二天，让朝臣们瞻仰遗容；大殓时，只有皇后率瑾妃等在场，而没有提到内务府大臣、军机大臣这些官员。这两点透露出入殓过程有疑点。

就在人们往返于涵元殿与乾清宫之间，操办光绪后事时，慈禧太后终

▲ 慈禧太后

于彻底松开了手中的权柄，撒手西去。没有人预料到事情会来得这么突然。当天，3岁的小皇帝溥仪和众大臣在结束了乾清宫为光绪皇帝举行的入殓奠礼之后，又匆匆赶往仪鸾殿，看视慈禧太后大殓。

其实，光绪临死前一天，溥仪就被人从醇亲王府接进宫中。同一天，溥仪的父亲载沣被封为摄政王。谕旨是以皇帝的名义发布的，内容却反映了慈禧太后的意思：

谕内阁，朕钦奉慈禧端佑康颐昭豫庄诚寿龚钦献崇熙皇太后懿旨，醇亲王载沣之子溥仪，着在宫内教养，并在尚书房读书。

又谕，朕钦奉皇太后懿旨，醇亲王载沣为摄政王。

很显然，这两道谕旨是在为光绪的死做准备。当光绪驾崩不到24小时慈禧就跟着去世以后，人们自然对"光绪病亡"的公开说法起疑心，甚至有人暗中议论：是不是慈禧知道自己命将不久，提前处死了光绪？满城风雨之际，摄政王载沣突发谕旨：解除袁世凯所任各职，令其回籍养病。此时距光绪去世还不到50天。朝野风传，载沣的本意是杀了袁世凯，后因多位重臣劝谏，才改"杀"为"逐"。而载沣此举的目的，就是为兄长光绪报仇。

光绪驾崩不久，因"戊戌政变"流亡海外的康有为通电全国各督抚，声称光绪帝是被袁世凯下毒害死的，号召督抚们挺身而出伸张正义。

说法一　袁世凯下毒

中国社科院近代史研究所研究员杨天石介绍：1907年，康有为曾给梁启超写过一封信，其中讲到袁世凯准备用3万块钱收买光绪皇帝的御医力钧，让他在光绪皇帝吃的药里下毒。

与之相呼应的是，曾是清宫御医的屈贵庭在民国时期的杂志《逸经》上发表文章说，光绪临死前3天，他最后一次进宫为皇帝看病，发现光绪本已逐渐好转的病情突然恶化。脸颊发暗、舌头黑黄，在床上乱滚，大叫肚子疼。这显然不是他的病应有的症状。这位御医认为，光绪一定是被人害死的。

▲ 康有为

▲ 梁启超

光绪二十四年 4 月 23 日，光绪帝颁布《明定国是诏》，变法正式开始，因为这一年是农历戊戌年，故史称"戊戌变法"。变法期间，光绪帝发布了上百道新政谕诏，除旧布新，变法内容涉及政治、经济、军事、文化等各个方面。但是，改革措施遭到顽固守旧势力的阻挠，很多上谕成了一纸空文。光绪帝和慈禧太后之间的矛盾逐渐激化。

七八月间，形势进一步恶化。光绪帝颁密诏给维新派，密诏中说："朕位且不能保，何况其他？"要维新派筹商对策。康有为、梁启超等维新派的核心人物读到密诏后，痛哭失声，决心誓死营救光绪皇帝。

危急时刻，维新派将力挽狂澜的重任托付给了袁世凯。

变法初期，袁世凯与维新派交往密切。七月，强学会成立时，袁世凯不但被列为发起人之一，还捐资作为会金。变法运动达到高潮时，袁世凯曾派人到北京与维新派联系，表示自己对变法的关切。袁世凯的热心赢得了维新志士的信任。更重要的是，袁世凯在小站编练的新军，已

▲ 袁世凯

成为清廷一支颇具实力的武装力量。

经维新派举荐，光绪二十四年八月初一，光绪帝在颐和园召见袁世凯，破格提升他为候补侍郎。第二天，袁世凯进宫谢恩时，光绪帝夸奖他说："人人都说你练的兵、办的学堂甚好，此后可与荣禄各办各事。"这其实是在暗示他，以后不要受荣禄的节制。袁世凯此刻成了孤家寡人光绪唯一的希望。

▲ 谭嗣同

八月初三深夜，谭嗣同只身前往袁世凯的寓所法华寺，托以出兵相救的重任，说服袁世凯举兵杀荣禄，包围颐和园，对慈禧太后则或囚或杀。

杨天石说，按照袁世凯的日记，在谭嗣同夜访他之后，他有一二天时间六神无主，不知该怎么办。袁世凯肯定有矛盾斗争，要反复掂量。掂量的结果，他发现光绪皇帝孤家寡人，康有为等是一批书生，而西太后是实际权力的掌握者。

3天之后，也就是光绪二十四年八月初六，慈禧太后发动政变，宣布训政。随后，下令搜捕维新人士。康有为、梁启超逃亡日本，谭嗣同等"戊戌六君子"遇害。变法运动最终失败。而光绪帝被彻底剥夺了权力，软禁瀛台，开始了长达10年孤独苦闷的傀儡生活。

这一切，是否都是因为袁世凯的出卖呢？

事实上，直到慈禧从颐和园返回发动政变的那一刻，袁世凯尚未告密。八月初六日晚，政变的消息传来，袁世凯以为事情已泄露，为保全自己，赶紧向荣禄和盘托出了"围园劫后"的密谋。

八月初七，当慈禧太后得知维新派有罢黜乃至杀死太后之意，恼怒至极，对事件性质的认定有了重大转变，因而下令大肆捕杀维新人士，致使事态扩大。

因告密有功，袁世凯受命署理了几天直隶总督，其新建陆军还得到4000两的赏银。慈禧太后为表示对他的信任，特准他在西苑门内骑马。此后，袁世凯便以慈禧太后和荣禄为靠山，走上了飞黄腾达的捷径。

两年后，慈禧、光绪一行因八国联军侵入北京西逃。怀来县县令吴永曾目睹了光绪对袁世凯的深恶痛绝。光绪在纸上画了一只乌龟，在乌龟壳上书写"项城"二字，"项城"是当时人们对袁世凯的称呼。光绪用利刃对着画乱砍乱刺，末了还不解恨，又将这些写着袁世凯名字的画撕得粉碎。

对这种怨恨，袁世凯心知肚明。他自然不愿意看到光绪重新执政，怕被秋后算账。

末代皇帝溥仪在他的自传《我的前半生》一书中写道：我听见一个叫李长安的老太监说起光绪之死的疑案。照他说，光绪在死的前一天，还是好好的，只是因为用了一剂药就坏了。后来才知道，这剂药是袁世凯使人送来的。

当时袁世凯掌握着六个镇的新军，他的势力范围在京津一带。袁世凯是否有能力控制京城，并将触角伸进紫禁城内去谋害光绪皇帝呢？

国家清史编纂委员会副主任朱诚如认为，袁世凯是个外官，很难入到宫里，因为清朝在皇宫里的男人只有两种人，除了皇帝以外，就是太监，大臣到宫里只是临时入朝，朝见皇帝。晚上住宿的就太监和皇帝两类人。这种情况下，宣统皇帝溥仪说的那样，不大可能。

另一方面，清宫皇帝的用药制度十分严格，开方煎药都有严格规定。袁世凯不能随便进药，就算是进了药，也要经过多道检验。

李国荣说，给皇帝煎药，要由太医院的御医和太监一同在御药房相互监视熬药。皇帝吃一服药，要煎出两服。两服药煎完后合在一起，分成两碗，一碗由御医太监先喝掉，看看确实没有问题，皇帝再喝另一碗。

因此，袁世凯试图收买的御医力钧不敢向光绪下毒，又得罪不起袁世凯，只能辞职逃离京城。所以，袁世凯下毒的可能性很小。

说法二 自然病死

有关光绪病情的档案，至今保存完整。光绪 37 岁时写的《病原》中记载，遗精已经将近二十年，腰腿肩背经常感觉酸沉，稍遇风寒必定头疼，耳鸣现象也近十年。而根据御医写下的《脉案》记载，从光绪二十六年起，光绪的病不断恶化，从未好转。

李国荣说，根据清宫档案，从现在的医学角度看，光绪皇帝得的是肺结核，再加上肝脏、心肺、风湿等长期慢性疾病，最终导致心肺功能衰竭，合并成一种急性并发感染症，导致死亡。

光绪三十四年三月初九，御医曹元恒在《脉案》中写道，皇上肝肾阴虚，脾阳不足，气血亏损，病势十分严重，在治疗上不论是寒凉药还是温燥药都不能用，处于无药可用的严重局面。同年五月初十，御医陈秉钧写的《脉案》上有"调理多时，全无寸效"的话。十月中旬，光绪的病情进入危险阶段。

从清宫档案的记录看，光绪皇帝的病情是一步步加剧、恶化直至死亡的。他既没有中毒或受到其他伤害，也没有突然暴死的迹象，应该属于正常病死。但是，官方记录上的合情合理，就是真相吗？

2008年11月，国内各大媒体纷纷在显著位置刊出消息："光绪帝系砒霜中毒死亡"。

说法三　砒霜中毒

在清西陵光绪的陵寝内，保存着光绪的遗体和随葬衣物。北京市公安局会同中国原子能科学院，运用高科技手段，对光绪的死因进行了历时5年的调查。《清光绪死因研究报告》指出："光绪帝系砒霜中毒死亡。"

清西陵文物管理处主任耿左车说，把光绪的头发取出来洗净，自然晾干后，剪成一厘米一段，然后入档，再入堆，接受辐照，根据辐照测算它的微量元素。砒霜主要含有毒金属砷，看它的砒霜含量。前七八段都没有发现异常，到第九段含砷量高了，到第十段，高得惊人。

第十段头发含砷量达到每克2404微克。这个数值，远远高于正常人头发的砷含量，比葬在光绪身边的隆裕皇后的砷含量高出260倍。

清华大学人文社科院历史系戚学民副教授指出，光绪头发上的砷从何而来？砒霜中毒的论断是否科学呢？著有《慈禧外传》的英国人濮兰德·白克好司和陪侍慈禧多年的德龄，都言之凿凿地指证说，大太监李莲英是害死光绪的真凶。

说法四　李莲英暗害

德龄，清朝贵族，正白旗人，又称德龄公主或德龄郡主。因为通晓外语和西方礼仪，德龄在1902年应召入宫，为慈禧担任翻译，成为晚清紫禁城著名的八女官之一。德龄出宫后用英文撰写的回忆录和纪实文学作品，披露了许多清宫的生活情景和政局见闻。

▲ 德龄公主和慈禧

德龄说，光绪是被李莲英的慢性毒药逐渐害死的。大太监李莲英平日仗着慈禧的权势中伤和愚弄光绪，他害怕慈禧死后光绪清算他的罪孽，于是在慈禧临死之前先将光绪害死。

德龄曾在书中有过这样一段描写：李莲英无意间看到光绪日记中的某些内容，那些充满愤怒和仇恨的语言令他尤为震惊。其中一段大致如下："我知道自己现在病得很重，但是我觉得老佛爷（慈禧）一定会死在我之前。如果真有那么一天，我一定要下令斩杀袁世凯和李莲英。"

看到这篇日记，李莲英大惊失色，连忙向慈禧请求，亲自去服侍光绪的饮食起居。此后没多久，

▲ 太监李莲英

光绪便卧床不起。据说,李莲英给光绪下了慢性毒药,希望在不知不觉中置光绪于死地。

也有一些学者认为,李莲英虽然在政治上坚定地站在慈禧一边,但他与光绪皇帝的关系并不坏。尽管李莲英备受慈禧宠信,但他为人低调、谨慎,并不像影视作品中描绘的那般盛气凌人。

朱诚如说,李莲英知道慈禧那么大岁数,迟早要死,皇帝将来肯定要执政,如果得罪皇帝,他有什么好处?相反,有些民间记载,李莲英还偷偷摸摸给皇帝送衣服、送吃的,想办法跟光绪皇帝搞好关系。

另一方面,光绪死后100多年的科学研究指出:光绪皇帝的死因是急性砒霜中毒,而不是德龄所说的慢性中毒。

2005年,清西陵文物管理处将光绪皇帝的两小缕头发,送至中国原子能科学研究院反应堆工程研究设计所检测。研究人员将头发分别切成26段,利用"中子活化法"的现代技术,迈出了破解光绪帝死因之谜的第一步。

朱诚如说,检测结果发现,头发中央,第10段砷的含量突然高起来。

为什么发辫的中间部分砷含量突然增高?研究人员发现,光绪发辫中间的一小段上沾着已经干结的污染物。这些污染物上面含有大量的砷。

污染物从何而来呢?为了解答这个疑问,研究人员又先后检测了光绪的几块遗骨和5件葬衣。结果发现:光绪某些遗骨的表面沾染了大量砷,同时,靠近遗体胃部的衣服上沾有高含砷量的物质残渣。

耿左车说,他的龙袍由外到内砷含量逐渐增高。贴着胃腹部的,砷含量是正常人的3000多倍。

大量的砷化合物曾存留于光绪帝尸体的胃腹部,随着尸体的腐败,含砷物质逐渐侵蚀污染了光绪的葬衣乃至骨骼。也就是说,所有的砷都来自光绪遗体本身。但是,光绪的头发远离胃腹部,上面沾染的高含量砷该如何解释?

耿左车说,光绪死后是躺着的,从法医角度来说,口腔溢流会顺着脖子流下去,光绪是一米六几的个儿,但是他的发辫很长,76厘米,正好流在发辫的中央,所以这一部位砷含量高,是外部沾染所至,不像拿破仑慢性中毒,整个头发里都含砷,他是急性中毒。

研究认为,光绪帝因砒霜急性中毒而死。据测算,仅光绪头发残渣和一件衣服中的砒霜含量就超过200毫克,而一般人口服砒霜60毫克就会中毒身亡。

李莲英暗害说不成立。

戚学民说,晚清文人恽毓鼎的《崇陵传信录》和徐珂编著的《清稗类钞》都指出,慈禧太后病危期间,唯恐自己死后光绪重新执政,推翻她一手制造的多起冤案,于是令人下毒手将光绪害死。

说法五　慈禧赐死

光绪与慈禧虽然以"母子"相称,实际上他并不是慈禧所生。

同治十三年十二月初五,同治皇帝因患天花突然去世。同治无子,临终也没有留下由谁继位的遗诏。第二天召开的大政会议上,同治的生母慈禧太后压制了其他一切意见,坚持由4岁的爱新觉罗·载湉入宫继承皇位。

光绪元年正月二十日,4岁的载湉在太和殿登基即位。光绪虽然当了皇帝,但他实际上只是慈禧御案前一件摆设,慈禧大权独揽的门面。光绪是在烦琐的宫中礼节和慈禧不断的严厉训斥中长大的,因此光绪从小性格柔弱、抑郁寡言。

光绪十五年正月二十日,紫禁城内布满了喜

▲ 慈禧

光绪： 爱新觉罗·载湉,清朝第十一位皇帝。4岁登基,起初由慈安、慈禧两宫太后垂帘听政,慈安崩逝后由慈禧一宫独裁,直至光绪帝18岁亲政,此后虽名义上归政于光绪帝,实际上大权仍掌握在慈禧太后手中。光绪帝一生受到慈禧太后的挟制,未曾掌握实权。1898年,光绪帝实行"戊戌变法",却受到以慈禧太后为首的保守派的反对。光绪帝打算依靠袁世凯囚禁慈禧,但反被袁世凯出卖,从此被慈禧幽禁在中南海瀛台。

▲ 皇后隆裕

庆的红色，19岁的光绪皇帝在这一天举行了大婚典礼。光绪迎娶的一位皇后和两个妃子都是慈禧做主选的。

朱诚如说，光绪从他父辈的角度是慈禧的侄子。光绪的母亲是西太后的亲妹妹，他又是慈禧的外甥。隆裕皇后是慈禧亲弟弟贵祥的女儿，是她侄女。

大婚后，光绪临朝亲政。53岁的慈禧表面退居颐和园颐养天年，实际上权势依旧。每隔一天，光绪都要到颐和园向慈禧汇报政务，凡是军政大事都得按老佛爷的懿旨行事。暗地里，慈禧还通过自己的侄女隆裕皇后及亲信李莲英等人，监视光绪的行踪。

尽管权力处处受到限制，年轻的光绪仍壮志满怀。光绪自幼师从国学大师翁同龢，学得了满腹治国平天下的抱负。当他看到中国社会积贫积弱的现状，更希望挣脱枷锁做出一番事业。

光绪二十四年4月23日，光绪皇帝颁布"明定国是"诏书，宣布变法，推行新政，授予康有为"专折奏事"特权。慈禧深恐光绪改革成功会影响到她的独裁。光绪与慈禧之间的矛盾再也无法调和。

其实，戊戌变法之初，慈禧曾旗帜鲜明地表示赞成，更公开支持废除八股、提倡新学。但后来，光绪擅自罢免了吏部的6位满族高官，引起了慈禧的不满。

沈渭滨说，慈禧在还政光绪的时候，明确规定，所有二品以上大臣的进止，必须通过她，现在光绪自说自话把她手下二品以上的6个大臣罢免了，眼里还有她吗？他们的矛盾开始公开化。

光绪二十四年8月，在以慈禧为首的守旧势力的反对和镇压下，变法运动最终失败。

此后，光绪度过了10年没有人身自由的囚徒生活，他的饮食、行动、自由都受到严密监控。慈禧又将光绪挚爱的珍妃囚禁在钟粹宫后北三所,并且给她立下了一条规矩:不许再见皇上。

光绪有两位妃子——瑾妃和珍妃,二人是亲姐妹,但相貌性格迥异。珍妃貌美而又机敏开朗。她的出现,在光绪沉闷的宫廷生活中激起了波澜,更引发了他在政治上摆脱束缚、有所作为的欲望。

▲ 珍妃

重新出面训政的慈禧认为,珍妃在光绪身边起了很多不好的作用,因此不许两人相见。这让处于幽禁中的光绪度日如年。

光绪二十六年7月21日,八国联军入侵北京,慈禧带着光绪皇帝仓皇出逃。相传她临行前还不忘处置珍妃,命令太监崔玉贵把珍妃推落宁寿宫外的井中。

被囚禁在瀛台的光绪深知慈禧的险恶用心,却也只能日夜提心吊胆、坐以待毙。自此心情抑郁,身体每况愈下。

而慈禧要害死光绪最直接的证据,被光绪的侍读学士兼"起居注官"恽毓鼎记录了下来。恽毓鼎在《崇陵传信录》里记录,慈禧病重多日,有个太监对她说:"皇上听说您病了,就很高兴。"慈禧大怒说:"我不能死在他前头!"

国学大师启功曾在书中记录了他官居礼部尚书的曾祖父的一段回忆:在宣布西太后死前,我曾祖父看见一太监端着一个盖碗从乐寿堂出来,出于职责,他就问这个太监端的是什么,太监答道:"是老佛爷赏给万岁爷的塌喇。""塌喇"在满语中是酸奶。当时

▲ 国学大师启功

光绪被软禁在中南海的瀛台，之前也没听说过有什么急症大病，隆裕皇后始终在慈禧这边忙活。但送后不久，就由隆裕皇后的太监小德张向太医院正堂宣布，光绪皇帝驾崩了。接着这边屋里才哭起来，表明太后已死……

这段叙述，源自主管礼仪祭祀的朝廷最高官员的亲身经历，本应具有很高的可信性。细看下来，却有破绽。首先，慈禧死亡的地点不是乐寿堂，而应该是中南海仪鸾殿。其次，小德张当时是慈禧的太监，慈禧死后才成为隆裕的总管太监。而且他也没理由跑到太医院正堂宣布光绪皇帝驾崩。

朱诚如说，启功是听他的前辈传说的，传说究竟是真是假？所以只能作为一种佐证，但不能作为证据。

正当人们专注于探讨光绪究竟是被谁下毒害死的时候，一些清史研究专家对这场讨论的前提提出了质疑。光绪砒霜中毒的论断是否准确？做出这个结论是否为时尚早？

质疑主要基于这样一个事实：光绪的陵墓曾经被盗。1938年秋，光绪帝入葬25年后，崇陵地宫被一伙不明身份的武装人员盗掘。1980年，当文物部门对崇陵地宫进行保护性清理时，看到光绪棺椁南端的挡板被凿开了一个直径约1米的圆洞，光绪帝的双腿被拉出棺外。而隆裕皇后的棺椁被揭开顶板，棺内的随葬品几乎被盗一空。

沈渭滨说，测检光绪的头发，是测检1980年保存的样品，从1938—1980年，将近50年。期间，被盗的光绪陵寝，没有完全封死。人们要问，1938年盗墓者使用什么手段盗墓，盗墓后50年间，没有完全关闭墓室，会发生什么情况？要真正了解他是不是喝砒霜而死，最好还是开棺验尸。看看盆腔上有没有砒霜中毒的症状，如果有，可以肯定是砒霜中毒；如果没有，就很难说。

时至今日，我们仍然无法拨开历史的迷雾，看到事情的真相。据了解，开棺验尸需要国家审批，近期不太可能实现。也许，关于光绪死因的争论还要持续很长时间。

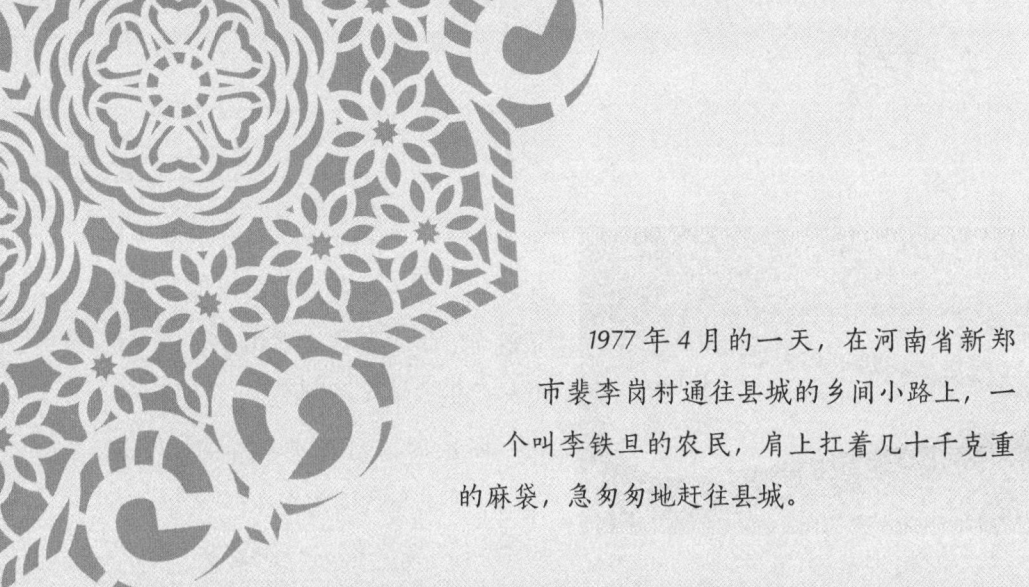

1977年4月的一天，在河南省新郑市裴李岗村通往县城的乡间小路上，一个叫李铁旦的农民，肩上扛着几十千克重的麻袋，急匆匆地赶往县城。

神秘的石磨盘

李铁旦的老家裴李岗村，世代居住着李姓和裴姓两大家族，在他的记忆中，两个家族多年都和和睦睦。可就在前几天，裴、李两家却为一件事伤了和气。

那天，村民们正在村外东南的岗地上平整土地，突然，一个裴姓村民挖到了一些坚硬的砖头，他清除了周围的土层和残砖烂瓦后，发现下面是一座砖砌古墓。正在挖土的村民纷纷过来观看，都想知道里面有什么宝物。

这时，人群中一名李姓村民大喝一声："这可是咱李家的祖坟！你们姓裴的竟敢挖我们祖坟？""凭啥说这是李家的祖坟？没准是裴家的呢！"裴姓村民针锋相对，两个家族互不相让，年轻气盛的李铁旦更是冲在最前面。

与此同时，新郑市文化馆接到公社的电话，说该公社裴李岗村社员在村东南平整土地时挖出一个古墓，群众发生了严重争执，要求县文化馆赶快派人去处理。

时任新郑市文化馆文物干部的薛文灿从县城匆匆赶到裴李岗村，老远就看到岗地上聚集着剑拔弩张的人群。

薛文灿说："你们不要吵，这个墓是砖石墓，不是贫下中农的墓，是地主

▲ 石磨盘、棒

富农的墓,有啥光彩?"上纲上线很起作用,裴、李两方村民再没有人去争这个"地主恶霸"老祖宗了,一场即将发生的械斗平息了。

临走时,薛文灿对社员们说:"你们村过去就出土过不少文物,今后若再发现文物,一定要保护好现场,器物原位不动,马上报告县文化馆。"

裴李岗村东南地平整土地结束后,社员又到裴李岗村西地进行平整。令人没有想到的是,又有了一个意外的发现。

1977年4月2日,20岁的李铁旦正在村西的岗地上平整土地,突然,"咣当"一声,铁锹发出了刺耳的响声。李铁旦赶忙扒开周围的泥土,一块椭圆形石板出现在眼前,石板约70厘米长,30厘米宽,上面还有几个"小腿"。

李铁旦一声呼喊,大家都围了过来,但谁也猜不透这到底是什么东西。它是否是薛干部说的文物呢?

紧接着,李铁旦又在石板旁边挖出了一个类似棒槌的石棒和一些已经石化的骨头。

李铁旦立即找来一条麻袋,把这些石器装好,急忙往县城赶。他想,今天一定要把这些东西交给薛干部,让他知道咱裴李岗村姓李的觉悟有多高。

当年的李铁旦无论如何也不会想到,他扛的这块笨重石板,将带出20世纪中国考古界的一个重大发现,将中国农业文明的历史向前推进1000多年。他祖祖辈辈居住的裴李岗村,也会因这块石板的出现而闻名于世。

1972年2月,《河南日报》曾报道一则新闻——《我省出土的历史文物介绍》,其中有一幅新郑市裴李岗村1965年出土的石磨盘、石磨棒照片,文字注明为"原始社会晚期的石碾盘和石棒",但没有具体时代,笼统称之为新石器时代遗物。

这些石磨盘到底是什么时期的遗物？属于哪一种考古文化类型？为什么在它以后的文化层中再也没有出现过？这究竟是什么原因呢？

这些问题引起了考古学界的广泛注意和重视，考古工作者开始把目光投向这个不为人知的小村落。但石磨盘每次出现，很少留下可供参考的地层关系和伴随出土的陶器等物品。所以，年代问题一直是考古工作者追寻的课题。

不过考古工作者发现，这种石磨盘非常典型，它从不见于仰韶文化及随后的龙山文化。因此，在考古学界引起诸多猜测，但始终没能有确切的答案。

1973年，国家文物局举办出国文物展，向全国各地征集文物，新郑市文化馆推荐送去一套石磨盘、石磨棒。在国外展出时，这套原始社会的遗物备受观众的青睐，然而他们在惊叹之余也对其出土的具体地点和时代提出了疑问。

信息反馈回国，国家文物局立即责成河南省文化局调查落实。于是省、市、县三级文物部门组成调查组，进驻裴李岗村。

仰韶文化： 黄河中游地区重要的新石器时代文化。因1921年在河南省三门峡市渑池县仰韶村被发现故被命名为仰韶文化，但仰韶文化的中心是陕西华山。仰韶文化以陕西华山为中心分布，东起山东，西至甘肃、青海，北到河套内蒙古长城一线，南抵江汉，分布最为密集的地区在陕西关中、陕北一带。仰韶文化的持续时间大约在公元前5000—前3000年，分布在整个黄河中游从今天的甘肃省到河南省之间。

1975年冬，新郑市观音寺公社唐户村进行土地平整时，发现了一处仰韶文化遗址。为抢救遗存，时任开封地区文管会负责人崔耕，立即组织有关人员在唐户村进行钻探和试掘，同时决定在这里开办考古培训班。

第一期文物考古短训班的学员，大多是从新郑城关和各公社召集来的农民。崔耕举办培训班的目的，不仅是为了抢救性发掘唐户仰韶遗址，更

▲ 1975年在新郑市唐户村发现了一处仰韶文化遗址

重要的是想借此机会培养一批文物干部，扎扎实实地做一番事业。

薛文灿说："住队干部高国珍喜欢文物，他收集的文物都交给县文化馆，其中有一套石磨盘。我看到后很惊奇，裴李岗出土石磨盘，唐户也出土石磨盘，但在文物挖掘时并没有挖掘到石磨盘。所以，这石磨盘还是个谜。"

1977年春节后，开封地区文管会和新郑市文管会联合，继续举办文物考古短训班，修复唐户遗址出土的器物，编写唐户遗址发掘简报。

虽然有关石磨盘的种种猜测暂时被搁置，但谁也没忘记它的存在。

1977年4月2日下午，当李铁旦扛着沉甸甸的麻袋，来到县文化馆短训班时，薛文灿正在上课，他清楚地记得当天的情景。

薛文灿说："李铁旦发现了文物，并已保护好现场，将出土的文物送来了。我立即解开麻袋，一看是石磨盘、石磨棒，还有料礓石人骨架，十分惊喜。"

"这是在哪里挖到的？"薛文灿一边问，一边小心翼翼地把石磨棒和石磨盘放在桌子上。这个别致的石器立刻吸引了所有在场的人。

大家兴致勃勃地议论石磨棒和石磨盘，坐在一边的李铁旦喜滋滋的，高兴得合不拢嘴。

第二天一大早，感到责任重大的薛文灿和现郑州大学历史系考古专业老师李友谋、现河南省文物考古研究所研究员赵世纲等人，立即赶赴裴李岗村进行实地调查。他们初步认定裴李岗村西地是一处重要的古文化遗址。

这是一个重大发现，返回培训班后，薛文灿立刻给开封地区文化局打电话，向负责人崔耕汇报裴李岗又发现了石磨盘这件极其重要的事情。

1977年4月8日，崔耕派赵世纲担任领队，带领学员到裴李岗村试掘。因经费短缺，

▲ 1977年4月考古人员到裴李岗村试掘

这次试掘参加人员很少，时间也很短。

当赵世纲带领学员到达现场时，李铁旦发现石磨盘的那片土地已被平整了。赵世纲重新勘察地形，在裴李岗村水渠西部未曾平整过的土地上开始挖探沟。

这次发掘目的非常明确，就是为了解开神秘的石磨盘之谜，彻底弄清楚石磨盘的时代、用途、和其他陶器的共存关系，以及遗址的性质等。

赵世纲说，虽然发现了7个墓，墓里有许多陶器、石器，但就是不见石磨盘。挖出石磨盘的地方到底在哪儿？平整土地挖土是从地表向下80厘米左右，可发现的这些墓葬都在1～1.2米。石磨盘比较大，把石磨盘弄出后，下面应有痕迹。

赵世纲认为，或许挖出石磨盘的地方，并未将墓葬挖到底。于是，他带领学员在李铁旦指认发现石磨盘的地方布下探方，进行复查。

他们小心翼翼地用小铲将土一层层刮去，干了一天，什么都没发现。然而，赵世纲不甘心，他决定扩大范围，继续向周围寻找。不久，在往南约20米处，发现了一个方坑。

赵世纲说，把这个方坑的浮土去掉后，发现有凹痕，还有一些陶壶、陶罐等。

这些凹痕是不是李铁旦取出石磨盘、石磨棒留下的痕迹呢？赵世纲马上让学员取来李铁旦送交县文化馆的石磨盘，并小心翼翼地把它放进凹痕处。石磨盘、石磨棒与凹痕紧紧咬合在一起，不见缝隙。毫无疑问，李铁旦发现的石磨盘、石磨棒就是从这里被拖出来的。

赵世纲说，由此，肯定了这个石磨盘是在墓里被发现的，它与同在这个墓里的陶器、陶罐、石铲、石斧的时代应是一致的。

终于找到了出土石磨盘的墓，发掘队全体成员欢呼起来，多年的追踪终于有了结果。

从现场出土的陶片看，仅有红褐色砂质陶和泥质陶两种，均为手制，因此胎壁厚薄不匀。这与仰韶文化的唐户遗址彩陶明显不同，这些陶器更接近

▲ 出土的陶片更接近原始状态

原始状态。

难道这里就是无数专家学者追寻已久的新石器时代早期的文化遗存？它的年代难道比仰韶文化还早吗？谁的心里都没有底。

裴李岗文化遗址的第一次发掘，从1977年4月8日到4月21日。试掘时间短，揭露面积有限。

然而，这次调查性试掘毕竟有了突破性进展，终于找到了石磨盘的踪迹，裴李岗文化遗址被发现了。

石磨盘出土地的最终确认，将对中国新石器时代的考古产生什么样的影响？它们到底有什么用？使用它们的先民们又生活在怎样的一个世界呢？

第一次试掘结束后，新郑市文化馆文物考古短训班，开始修复整理裴李岗文化遗址试掘出土的器物，并绘图、照相。

同时，崔耕以开封地区文管会、新郑市文管会的名义，委托赵世纲执笔编写裴李岗文化遗址试掘简报。赵世纲集中精力投入到紧张的裴李岗遗址整理工作中。

自从接手破解石磨盘秘密的任务后，赵世纲与同事们都希望尽快把试掘成果公布于众。裴李岗的发现太重要了，它为寻找仰韶文化的渊源提供了不可多得的机会。

仰韶新石器时代遗址是瑞典地质学家安特生于1921年4月在河南省渑池县仰韶村发现的。

此前，很多西方学者都认为中国没有自己的史前文化，没有自己的石器时代，中国文明起源于西方，并提

▲ 仰韶新石器时代遗址是被瑞典地质学家安特生发现的

出"外来信息是中国新石器时代起源的决定因素"。

安特生发现了属于新石器时代中期的仰韶文化后,西方学者又对它的渊源提出质疑,认为仰韶文化早期出现缺环,而甘肃彩陶比河南彩陶发达,可能来自西方,从而得出"中国仰韶文化西来说"的观点。

后来,这种观点虽被推翻,但由于中原地区一直没有找到早于仰韶文化的新石器遗存,因此仰韶文化的渊源始终没有真正获得解决。

赵世纲在编写试掘简报中,首先考虑的是新郑裴李岗文化遗址的性质问题,这次发掘的遗迹、遗物,带有自己明显的时代特征。

有了明确的思想后,赵世纲投入到紧张的写作中,一个月后,终于完成了试掘工作简报,题为《河南省新郑县裴李岗遗址的调查与试掘》。

▲ 赵世纲在编写试掘简报

在试掘简报中,赵世纲写道:我们认为裴李岗遗存是独立于现在所发现的各类新石器时代文化的另一种文化,这种文化我们暂名为"裴李岗文化"。

为了使这批文物的身份尽快得到确认,为了使裴李岗文化遗址年代得到明确说法,河南省文物局迅速将这批文物送交北京,请专家鉴定。

1977年6月,崔耕、李友谋、薛文灿一行三人去北京,向国家文物局汇报。国家文物局高度重视,当即介绍他们到中国社会科学院考古研究所进行技术鉴定。

考古研究所新石器室主任安志敏看了裴李岗标本和发掘简报后,认为非常重要,立即向夏鼐所长汇报。

时任中国社科院考古研究所所长夏鼐,听完安志敏汇报后,马上见了崔耕一行人。

薛文灿说,夏鼐所长说这是新苗头,值得重视。他让所实验室的同志,

苏秉琦：中国现代考古学家，河北高阳人。1934年毕业于北平师范大学历史系。曾任北平研究院史学研究所副研究员。新中国成立后，历任中国科学院考古研究所研究员、北京大学教授、考古教研室主任、中国考古学会第一和第二届副理事长。曾主持河南、陕西、河北等地新石器时代和商周时期主要遗址的发掘。

把崔耕他们带来的采集木炭标本，赶快测验年代。

在京期间，崔耕他们拜访了著名考古专家苏秉琦先生。

薛文灿说，看完裴李岗遗址的标本后，苏秉琦先生这位考古泰斗摸摸我们带来的东西说，这东西的历史至少在7000年以上，这是中国第一次出土这样早期的东西。请河南省文物局要特别重视这个遗址，要支持发掘工作。

专家们的初步意见令人欣喜，但裴李岗遗址还需更多的考古发掘来佐证。1978年4月12日，开封、新郑有关部门和郑州大学历史系考古专业联合进行第二次发掘。

发掘期间，中国社科院考古所主办的《考古》杂志于1978年第2期正式刊发了《河南新郑裴李岗新石器时代遗址》简报，引起中国考古界的震撼。还披露了中国社科院考古所实验室对裴李岗遗址木炭标本放射性碳素测定结果："年代为距今7885年±480年"。证明了裴李岗遗址确是我国新石器时代早期文化遗存。

1978—1979年，中国社科院考古研究所和开封地区文管会，先后在新郑组织了3次大规模挖掘，共发现100多座墓葬。

其中，出土斧、铲、镰、刀等磨制石器100多件，鼎、罐、壶等陶器200多件，还有骨针、骨锥及少量装饰品；在这里还挖出了猪、羊和其他小动物的遗骨。

这些遗物足以代表裴李岗文化的

▲ 著名考古专家苏秉琦先生

真正面貌，代表人类早期文明的精髓，将裴李岗考古发现推向了极致，为考古界研究新石器早期文化提供了珍贵的实物资料。

裴李岗文化遗物发现的事实，推翻了中国仰韶文化西来说的错误观点，将中国新石器时代仰韶文化之前，加上了"裴李岗文化"这一重要章节。

裴李岗遗址作为一种新的文化类型，也给人们留下许多有待弄清的问题，例如，裴李岗人的生活居址和房基究竟是什么样的？它与仰韶文化的房屋建筑有什么差异？

▲ 出土的三足双耳壶

裴李岗遗址被发现后的近20年里，考古学家在新郑的沙窝李遗址、唐户遗址和密县的莪沟、长葛的石固、舞阳的贾湖遗址等地区，先后发现同样的文化遗存150多处。这些发现使裴李岗文化的面貌更加清晰和突出。

河南省文物考古研究所研究员郝本性说，裴李岗文化从其整体看，它的石器做成外形后，又经过进一步的加工、磨制；它已有了陶器，但陶器的火候比较低，比仰韶时期的陶器原始得多，花纹、纹饰都很简单。它是一个过渡时期，恰好填补了这段历史空白。

裴李岗文化最终被确定为一种独立的新石器考古学文化并予以命名，这是中原新石器时代考古取得的重大突破，它使人们认识到了仰韶文化之前中国远古文化的独特面貌。

今天，人们在新郑市博物馆可以领略到裴李岗文化的厚度。

粗糙简陋的器具，传递着裴李岗先民们在中原大地上劳作的信息。

这些坚硬的、无法被岁月吞噬的裴李岗石器、陶器，为寻找中国农业、畜牧业、制陶业的文明起源，提供了可贵的线索。

石磨盘成了"裴李岗文化"最特别、最典型的标志性器物，在此之前的文化层中从未见过石磨盘，在以后的文化层中也出现不多。

▲ 新郑市博物馆

▲ 石磨盘成了"裴李岗文化"最典型的标志性器物

　　这些石磨盘都有圆润的边缘，一头略宽如鞋头，一头略窄如鞋后跟。它们是用整块砂岩琢磨而成，正面和背面都做了磨光处理，正面中间稍凹，可能是长期使用造成的；底部的4个圆柱状磨盘腿与磨盘是一个整体，高约7厘米。

　　8000多年前，打磨或雕琢石头，必须用比石头更硬的东西，那时无钢无铁，裴李岗的先人们是用什么加工的呢？坚硬的石磨棒又是怎样制造的呢？

　　来博物馆参观的人都会提出这样的问题：石磨盘到底是什么东西？是做什么用的？为什么要做成鞋底状？

　　石磨盘表面具有明显的规则弧度：盘中心低凹，四周稍凸，盘面并不光滑，有许多坑坑洼洼的"斑点"。

　　专家认为，这些"斑点"并非天生，而是人有意识地凿出来的。先民将稻谷放在磨盘上，用石棒当磨具，而高低不平的盘面，有利于增强脱壳取米的效果。

　　鸡蛋大小的陶猪头和陶羊头憨态可掬、惟妙惟肖，说明先民在8000多年前已经会制作陶器，也说明家畜饲养业已发展了很长时间。

　　陶器均为手工制作，碗、盆、鼎、钵等日常生活用品，形状都比较简单，绝大多数没有纹饰，制作粗糙，胎壁厚薄不匀，表面凸凹不平。

　　2007年6月，郑州市文物考古研究院在新郑市唐户村考古发掘时，发现了 8000 多年前裴李岗人居住的房屋基址。

1977 年，裴李岗遗址出土了大量的石磨盘、石磨棒以及陶器等，遗憾的是，在裴李岗地区附近并没有发现同时期的房屋基址。这次唐户遗址房屋基址的发现，弥补了这一缺憾。

▲ 8000 多年前裴李岗人居住的房屋基址

唐户遗址环绕在麦田中，被一个个探方均匀地等分。探方里遍布着一些大大小小的浅坑，浅坑平面形状多为不规则形，偶有椭圆形，浅坑的周围均匀地分布着一些圆柱形的洞。

这些裴李岗时期人类居住的"房子"，其实是半地穴式的小窝棚，多是三四个人居住在一起。唐户遗址发现的裴李岗文化房址已有 42 座。

从这些房屋遗址中，专家推测先民们已经知道了如何躲避寒冷和野兽。

从此，人们走出山洞或地穴，形成了古老的氏族村落。他们住进自己建造的房屋，冬可避风寒，夏可遮酷暑，这是人类发展史上的一大飞跃。由此，人类改变了自己的命运。

裴李岗遗址位于村庄西南的岗地上，大约 2 万平方米。考古工作者经过几次挖掘后，现在已用沙土把遗址填埋起来。

从三维地图看，遗址的形状像人的鞋底，东边的"鞋跟"是原始村落的生活区，西边的"鞋掌"是墓葬区；双洎河从遗址西面由北向南流过，紧靠遗址南部折向东流；岗地处在河湾上。这是新石器早期农业聚落的特点，是当时条件决定的。

新石器早期，农业刚刚起源，聚落地点一般选择在山脉与平原过渡的中间地带。这里没有茂密的森林，容易开辟田地，是从采集向农业种植过渡最适宜的地理环境。当时的人类还不知打井取水，所以建立定居点时，选择临水而居。

8000多年前，地球绝大部分地方还处在人兽杂处、茹毛饮血的蛮荒时代。

而裴李岗先民们已开始用仍显笨拙的双手，创造性地扎根大地，搭起了茅草房屋，形成了氏族村落，开始过着较为安稳的定居生活。

原始农业、畜禽饲养业和手工业，已经在这里产生……

男人们打磨着石斧、石铲、石镰，准备种植粟类植物；女人们在半地穴式的房子里，用石磨盘、石磨棒碾磨谷物、加工粟粮。

他们定期举行祭祀活动，乞求上苍给予富裕和兴旺。

在他们的氏族公共墓地，成年人死了不分男女，一律头南脚北安葬；同时，根据他们生前的功劳和性别，陪葬不同的生产工具和生活用具。

当石磨盘上碾出凹痕时，女人们的生命也到了尽头，这最亲密的工具变成了她们的陪葬品。这就是中原最古老的文明，从这里开始，中国几千年的农耕文化拉开了帷幕。